全国"安全月""安康杯"
职工安全教育普及读本

让安全
成为一种习惯

本书编写组 ◎ 编著

职场安全心法，企业安全秘籍，人生安全真谛。
全方位透视安全细节，扫除安全盲点。
消灭安全隐患，让岗位安全无死角。

人民日报出版社

图书在版编目（CIP）数据

让安全成为一种习惯 /《让安全成为一种习惯》编写组编著.
-- 北京：人民日报出版社，2018.2
ISBN 978-7-5115-5214-3

Ⅰ.①让… Ⅱ.①让… Ⅲ.①企业管理 - 安全教育 Ⅳ.①X925

中国版本图书馆 CIP 数据核字（2018）第 002780 号

书　　名：	让安全成为一种习惯
作　　者：	《让安全成为一种习惯》编写组
出 版 人：	董　伟
责任编辑：	刘天一
封面设计：	陈国风
出版发行：	人民日报出版社
地　　址：	北京金台西路 2 号
邮政编码：	100733
发行热线：	（010）65369527　65369846　65369509　65369510
邮购热线：	（010）65369530　65363527
编辑热线：	（010）65369844
网　　址：	www.peopledailypress.com
经　　销：	新华书店
印　　刷：	北京德富泰印务有限公司
开　　本：	710mm×1000mm　　1/16
字　　数：	198 千字
印　　张：	14.5
印　　次：	2018 年 5 月第 1 版　　2018 年 5 月第 1 次印刷
书　　号：	ISBN 978-7-5115-5214-3
定　　价：	45.60 元

前言
Preface

心理学巨匠威廉·詹姆士说:"播下一个行动,收获一种习惯;播下一种习惯,收获一种性格;播下一种性格,收获一种命运。"一个人一天的行为中,大约只有5%是非习惯性的,而剩下95%的行为都是习惯性的。可见,习惯对我们有着巨大的影响,因为它是一贯的,在不知不觉中影响着我们的行为,左右着我们的安全。既然习惯的力量如此惊人,那么让安全成为一种习惯将使我们更安全。

俗话说,习惯成自然。当一个动作重复了无数次后就成了自然而然的事,自然到就像我们人类饿了会吃东西、困了会睡觉一样;自然到不需要别人来提醒也会顺理成章地去完成。因此,一切工作从安全出发,养成安全生产的良好习惯,才能把生产水平搞上去,把事故率降下来。

不过,让安全成为一种习惯并不是一件轻而易举的事,而是一个长期、艰苦的过程。正如培根所说:"习惯真是一种顽强而巨大的力量,它可以主宰人生。"然而,安全意识的确立,安全观念的形成,安全习惯的养成,都非一日之功,而是需要通过多种多样的途径不断强化。它需要把安全的外在要求变为职工的内在需求;把安全的硬性规定变为职工的内在自觉。

安全是企业的头等大事,也关系着企业员工的前途和命运。我们每个人在平时的工作中,都应该严格按照规章制度办事,认真执行操作规程,全面落实安全措施,养成良好的安全习惯,让安全生产从被动的上级要求向主动的"我要安全"转变,这样事故就会远离我们,安全就会与我们同在。反之,如果我们怕麻烦,不严格执行安全操作规程,不认真落实安全措施,仅凭经验办事,逞个人英雄主义,就会埋下不安全的隐患,就容易发生各类事故,不但会给单位造成严重损失,还会给自己和家人带来痛苦。所以,安全工作必须依靠企业全体员工的集体智慧和力量,只有让安全成为员工的一种自觉的意识和行为习惯,企业和员工才能实现真正的长治久安。

习惯是安全之魂。在企业安全建设中,人是实现安全的主体,员工良好的安全习惯养成是推行企业安全的重要目标。为此,我们特意编写了本书,本书内容通俗易懂,对员工的生产和生活安全进行了系统清晰的说明,便于员工掌握安全知识和安全技能。领会本书的精神,让我们每个人都能在工作生活中自觉养成良好的安全习惯。

第一章 树立安全意识,培养良好的安全习惯

习惯对我们有着极大的影响,因为它是一贯的,在不知不觉中影响着我们的行为,左右着我们的安全。一个人一天的行为中,大约只有5%是非习惯性的,而剩下95%的行为都是习惯性的。让安全成为一种习惯,人人要安全,事事讲安全,时时抓安全,变被动安全为主动安全,才能构筑牢固的生命安全防线。

1. 安全是员工的最高权益 / 2
2. 安全意识靠培育,安全习惯要养成 / 4
3. 重视安全,树立自我保护意识 / 8
4. 时刻讲安全,控制人的不安全行为 / 10
5. 纠正不良的安全观念,养成良好习惯 / 13
6. 以安全为准绳,牢记"三不伤害" / 16

第二章 消除不良心理,别让情绪问题影响安全

心理情绪与安全行为息息相关。情绪是指人对客观事物的态度和体验。人不可能离开情绪,人总是在一定的情绪中生活。心理学家研究发现,不良心理情绪会给安全生产带来隐患。如果一个人情

绪浮躁，心绪不宁，工作起来就会手忙脚乱，甚至导致安全事故发生。

1. 杜绝侥幸心理，"万一"是最大的安全威胁 / 22
2. 克服急躁心理，图省事恰恰会坏事 / 25
3. 小心厌倦心理，工作散漫就是隐患 / 28
4. 化解逞能心理，不要冒险蛮干 / 30
5. 抛弃从众心理，安全不能随大流 / 33
6. 预防好奇心理，不要违规冒险 / 35
7. 调适自我，心情愉快才能保障安全 / 38

第三章 重视安全培训，掌握扎实的安全工作技能

安全习惯的培养需要过人的专业技能。员工只有接受安全生产教育和培训，掌握本职工作所需的安全生产知识，提高安全生产技能，增强事故处理预防和应急处理能力，才能够提高安全生产意识和自我保护能力，具备良好的安全素养，养成"我懂安全""我要安全"和"我能安全"的好习惯。

1. 做好三级安全教育，护航岗位安全 / 44
2. 掌握安全知识，提高避险能力 / 47
3. 锤炼专业技能，练就安全"硬功夫" / 50
4. 学习先进安全技术，减少灾害损失 / 58
5. 走出安全误区，避免经验主义错误 / 61
6. 借鉴事故案例警示，常给自己提提醒 / 64

第四章 落实安全规章，用纪律的硬规矩约束安全

安全工作要遵守安全制度，规范行为，让安全成为习惯。安全

目录

工作没有什么捷径可走,唯有在安全规章制度的落实上下狠功夫、下硬功夫,将各类安全规章制度落到实处,才能根除违章违纪。只有通过安全规章制度的约束,才能防止企业安全管理的随意性,才能有效保证员工的合法权益,保障员工的生命安全。

1. 遵守安全制度,别让安全"出轨" / 70
2. 上岗作业需持证,不懂不会莫要碰 / 72
3. 标准化作业,促使安全规范化操作 / 75
4. 强化安全检查制度,严格落实监督 / 78
5. 严查违章违纪,自觉纠正"三违"行为 / 81
6. 从自身做起,根除"习惯性违章"顽症 / 84

第五章 抓好安全细节,养成认真细致的安全作风

魔鬼藏在细节里,安全也藏在细节里。因此,安全工作必须树立起"安全无小事"的观念,不能对工作中的细节敷衍轻视。无数血的事实证明了细节对于安全的重要。灾难性的结果往往是由小细节引发的。因此,越是细节越需要用心,越是细节越不能马虎,把细节处做精、做实,养成认真细致的安全作风,安全才有保障。

1. 安全无小事,安全习惯要从细节做起 / 90
2. 保持严谨习惯,重视小失误避免大事故 / 92
3. 用"零缺陷"的标准要求工作 / 96
4. 认真填写安全台账,做好安全日志 / 99
5. 安全生产挂嘴上,不如现场跑几趟 / 103
6. 发扬创新精神,解决安全难题 / 106

让安全成为一种习惯

第六章 清查安全隐患，做好安全事故的应急与自救

"隐患潜伏，事故难除"是对安全隐患的深刻总结。一个小隐患经过连锁反应可能会造成一次大事故。因此，在安全问题上，任何麻痹和对隐患的忽视都会带来难以想象的后果。只有深入作业现场，严格检查作业过程中的每道工序、每个细节，不放过任何蛛丝马迹，发现隐患立刻整改，才能杜绝安全事故，保障我们的安全。

1. 警钟长鸣，重视事故苗头的预防 / 112
2. 防微杜渐，认真检查安全隐患 / 125
3. 拒绝拖延，发现安全隐患及时消除 / 128
4. 人人负责，积极举报安全隐患 / 131
5. 未雨绸缪，做好安全事故应急预案 / 134
6. 学些急救知识，让生命多一份保障 / 137

第七章 增强安全防护，把职业危害降到最低

做好安全防护，不出工伤事故。一个单位的安全生产是要通过员工的劳动来实现的，员工既是生产实践的主体，又是事故危害的对象。因此，增强和规范员工的安全防护意识，主动实施各项防护措施，不断提高员工的安全防护能力，是企业安全工作的主题，也是员工安全维权、生命维权的重要体现。

1. 定期身体检查，预防职业病 / 140
2. 防范工业毒物，小心职业中毒 / 143
3. 重视粉尘防护，预防尘肺病 / 146
4. 防暑降温，预防高温作业中暑 / 149
5. 保暖防寒，小心低温作业冻伤 / 151
6. 防止噪声与振动污染对耳朵的损害 / 153

目 录

第八章 警惕网络安全，筑牢信息安全防火墙

随着信息技术在全球的发展与应用，世界正变得更"平"、更"小"，但与此同时，身处其中的企业和员工面临着各种严峻的信息安全挑战。在这种情况下，员工要积极学习网络安全知识，筑牢信息安全防火墙，培养良好的网络安全习惯。

1. 聚焦网络时代，守护信息安全 / 156
2. 严格权限管理，谨守保密规定 / 158
3. 慎用公用 Wi－Fi（无线局域网），保护自身隐私 / 162
4. 小心网络陷阱，杜绝网络诈骗 / 164
5. 抵制垃圾网站，倡导健康上网 / 167
6. 遵守信息法规，不信谣不传谣 / 169

第九章 学习安全文化，营造良好的安全氛围

在日常的工作中，安全文化就是一种习惯，是企业安全工作的灵魂。安全文化的核心是"以人为本"，我们要加强企业安全文化建设，提高员工的安全文化素养，创造和谐平安的企业氛围，排除各类安全隐患，预防和减少人为责任事故的发生，实现企业的安全生产工作规范化、科学化，迈入平稳、有序发展的良性循环局面。

1. 以人为本，积极参与安全文化活动 / 174
2. 做好安全宣传，促进企业安全发展 / 177
3. 积极使用网络平台传播企业安全信息 / 180
4. 推行安全自主管理，让安全成为一种自觉 / 182
5. 重视安全文化的力量，建设团结的安全班组 / 185
6. 积极建言献策，助力企业安全生产 / 188

让**安全**成为一种**习惯**

第十章 避免意外伤害，让日常生活与安全相伴

生活中总是充满了未知因素，潜伏着一些安全隐患，一个小意外都有可能带给我们巨大的伤害与损失。所以，安全是我们的生命线。无论是上班下班，还是在什么地方，都需要我们提高警惕，时刻紧绷安全这根弦，让安全永伴。

1. 关注日常安全，时刻保护自己 / 194
2. 防范家庭火灾，注意消防安全 / 196
3. 小心食品安全，预防食物中毒 / 199
4. 遵守交通规则，保障出行安全 / 202
5. 平时多留心，慎防偷盗和抢劫 / 209
6. 警惕自然灾难，学习自救方法 / 213

第一章

树立安全意识,培养良好的安全习惯

习惯对我们有着极大的影响,因为它是一贯的,在不知不觉中影响着我们的行为,左右着我们的安全。一个人一天的行为中,大约只有5%是非习惯性的,而剩下95%的行为都是习惯性的。让安全成为一种习惯,人人要安全,事事讲安全,时时抓安全,变被动安全为主动安全,才能构筑牢固的生命安全防线。

1. 安全是员工的最高权益

俗话说：安全是天，生死攸关。安全是我们生存和发展的基本条件，安全生产是关系到企业兴衰，关系到广大职工生命和财产安全的头等大事。在工作中，安全是一切的前提和保障。没有安全就没有效益，没有安全就没有幸福。大到一个国家、一个集体要讲安全；小到家庭、个人也要讲安全；各行各业更必须讲安全。只有这样，才能保证安全，人们才能正常地学习、工作和幸福美好地生活。所以说，安全是员工的最高权益。

几年前，北京某地铁工地发生坍塌，6 名施工人员被埋。调查发现，其实早晨 7 点左右，施工工人就已经发现作业面上出现了轻微裂缝，工头周某让人下去加固抢险，动员了半天，工人都觉得危险，几乎没人主动下去，周某只好动员了自己的亲属带头，一共下去 7 个人。9 点半左右，作业面出现大规模土方坍塌，6 人被埋，第七个人在千钧一发之际被人一把推开，幸免于难。40 分钟后，又出现大面积坍塌。为阻止继续坍塌，公司被迫暂停救援，用工字钢加固，同时挖掘机再度上阵，抽调了 20 人协助挖掘机扩大洞口，防止再次塌陷。此后，一系列救援才展开。由于塌方区域地上、地下环境条件十分复杂，东侧紧靠居民楼，西北侧紧邻交通干道，北侧有 4 条电力电缆，事发区域地层土质松散，塌方作业场地狭小，这一切都给挖掘抢险工作带来很大难度。而且，在抢险过程中，为防止再次坍塌，造成次生灾害，抢险工作在专家组指导下，对临近居民楼、周边管线、电力电缆等采取不间断监测防护措施，边开挖边喷锚支护，以确保居民楼及其他设施处于安全可控状态。这一切导致挖掘抢救工作一再延长。此次事故最终导致6人死亡。

☆☆☆

安全关乎生命，一刻也不能放松。企业要发展、要效益，员工要高薪、要福利，家人要亲人平安幸福，这都和安全密不可分。没有安全作保障，一切活动不仅不能达到预期目的，而且还会造成不应有的人员伤亡和财产损失。所以，任何时候也不能放松安全，任何时候也不能忽视安全。忽视安全，必遭惩罚。

我们的社会靠生产活动维持运行，生产非常重要，但失去安全保障的生产危如累卵，一旦出事就可能付出百倍千倍的代价，造成无法弥补的痛苦。"安全第一"的意识应时刻铭记在心，任何时候都不能懈怠，上至管理者，下到每一位员工，都应将安全牢记在心。只有将安全工作做实、做细、做好，不断地加固安全措施，不断地提高安全防范水平，才能将平安之路永远走得顺畅，走得稳当！

☆☆☆

河北省峰峰集团有限公司小屯矿的门口大牌子上写着"安全第一、生产第二"，当年该矿党委书记、矿长高武当选为"中国煤炭工业劳动模范"。"一个煤矿一年实现安全生产，靠的是运气；二至三年连续安全生产，靠的是管理；实现五年以上安全生产，就得靠企业的文化建设。"这是高武常常挂在嘴边的话。小屯矿通过大力开展企业文化建设和安全文化建设，逐步形成了一种独具特色的安全管理理念。

"确认机组附近的顶板支护完好、两帮无片帮煤，确认完毕，亚克西！确认机组开关已停电、闭锁、挂，确认完毕，亚克西！确认机组滚筒离合器已打开，滚筒已摘下，确认完毕，亚克西！确认机组工作地点的支柱已拴牢，确认完毕，亚克西……"开始工作前，一名普通的采煤机司机一边用手指着，嘴里一边大声确认着。在这里，无论从事何种工作，都要进行"风险预控手指口述"，干部、工人人人会背、会用。一名叫郭雷的工人参加工作时间不长，一次管理人员下井检查完要离开时，他对管理人员说："你们先别走，等我确认完了再走。"自觉地要求管理人员遵守安全规定。

"员工为天，生产为地，我要让矿工挣'安全钱'。"高武告诉员工，"如果在不安全的前提下，领导要求干，你可以不干，并来找我。"

☆☆☆

安全是企业的头等大事，也关系企业员工的前途和命运。安全就是生命，安全就是效益，安全就是一切工作的重中之重。安全的重要意义，在于生产设备的稳定运行，更关系到国家和人民生命财产的安危。不讲安全，哪怕是轻轻的一碰，就能使设备顷刻瘫痪；不讲安全，哪怕只是一个小小的意念，就能让操作中的生命处于危险。所以，安全是企业的最大效益，是职工的最大幸福。我们要事事讲安全、常常讲安全，让安全成为一种习惯。这样才能让每一位员工都平平安安，幸福久长！

2. 安全意识靠培育，安全习惯要养成

安全意识是人们从各种安全宣传教育中获取的安全知识和从各种事故安全中得到的教训，两者融为一体，并在人们脑海里形成的安全概念、想法和思路。其形式包括自我观察、自我评价、自我体验、自我监

第一章 树立安全意识，培养良好的安全习惯

督、自我教育、自我支配和自我控制等，从而形成自觉能动性的行为表现方式，这种行为表现方式就是安全意识的体现。

安全意识强的表现为：遵纪守法、做事认真、按章作业、精力集中、事事想到安全第一、对事故隐患有一定的预见性等。安全意识差的表现为：思想麻痹、工作马虎、侥幸心理、怕麻烦、图省事、法制观念淡薄、纪律松弛、冒险作业、违章蛮干、对事故隐患无动于衷等。

有一位朋友准备买车，也许是他长期从事数理分析的缘故，在发生日系汽车大批量召回以后，他搜集了一大堆欧美和日本汽车安全性能检测指标的数据，来征求安全专家的意见。没想到安全专家的回答让他大吃一惊：这些数据对你完全没有意义！他瞪大眼睛看着安全专家：难道人命关天的安全不重要？！

安全专家告诉他，只要是正规厂家生产销售的汽车，都是经过国家检验，达到基本安全标准的。美国人早就出过一本书叫《任何速度都不安全》，我们也可以说，没有安全意识任何车辆都不安全。你调查一下，全国有多少人不系安全带？有多少人喝了酒还坚持开车？又有多少人见前面没有车，不管三七二十一就踩油门？太多了！如果你也是其中的一个，那么，有多少气囊才能管用呢？

这就是安全意识问题。有安全意识就是不管做什么事情，首先要考虑到安全问题，做这件事情有什么危险、危害因素，容易发生什么样的安全事故，事先应该采取怎样的应急和防范措施才能避免发生事故。意识指导行为，行为来自意识。一个人的安全行为反映出一个人的安全意识，一个人的安全意识决定一个人的安全行为和习惯。思想是行为的先导，决定行为的过程和结果。安全生产、安全生活，这些都离不开良好的安全习惯。而安全习惯的养成在于自身的安全意识。这种安全意识会

让安全成为一种习惯

帮助我们在工作时三思而后行，逐渐形成一种安全习惯。

☆☆☆

一则故事说：有对父子住在山上，每天都要赶着牛车到山下卖柴禾。老父亲眼神不好，但很有经验。下山时，只见老父亲坐在牛车上挥着鞭子吆喝着，尽管山路崎岖，弯道多多，老父亲仍觉得自己驾着牛车得心应手。可是儿子坐在老父亲旁边，总是担心不已，每次在要转弯的地方就会大声提醒道："爹，该转弯了！"老父亲总是不以为意地说："你别瞎操心了，没事儿的，我虽然眼神不好，但这条山路已经烂熟于心了。我知道哪儿有沟坎，哪儿该转弯！"一次父亲因病没有下山，儿子一人驾车。路途沟坎，到了第一个弯道，牛怎么也不肯转弯，儿子用鞭子打也不行，拉缰绳也不行，他用尽了各种办法，最后跳下车又推又拉，牛还是一动不动。到底是怎么回事？儿子跳上车，捧着头，百思不得其解。他想起他爹下山的情形，就冲着牛大喊了一声："爹，该转弯了！"奇迹出现了，牛应声而动。

☆☆☆

我们知道，牛听口令转弯已成了习惯。安全工作也是如此。所以，很多时候，安全就在于我们安全习惯的养成。根据行为心理学的研究结果：3周以上的重复会形成习惯；3个月以上的重复会形成稳定的习惯。即同一个动作，重复3周就会变成习惯性动作，进而形成稳定的习惯。当保障安全成为你的工作态度和习惯时，工作对于自身的意义就不是赚钱那么简单了，你也不会因为公司的各项安全规定、规章制度而觉得自己的自由受到了限制，更不会在"无意识"状态下做出危害公司利益或者伤人害己的事，一切危机将于无形中得到化解。

☆☆☆

2011年9月26日，在新乡桥工段东明线路车间，郑州客车车辆段新乡运用车间安全员杨光的报告，犹如石击潭水，在

第一章　树立安全意识，培养良好的安全习惯

职工中产生了阵阵涟漪。

"有人问我，为什么能够在短短10天的时间里连续发现11起转型架裂纹故障，这里面有什么诀窍吗？我想和大家说，防止事故有诀窍，那就是让安全成为习惯。"

当年2月28日，杨光在对L1231次列车进行入库质量检查时，发现34722号车辆转向架有一道70毫米的裂纹。10天前，他在检查L238次列车时，也发现了一起转向架裂纹故障。

"这次发现的裂纹会不会在其他同类型的车上出现呢？我顿时感到了问题的严重性。我不敢有丝毫怠慢，迅速通过车间客车管理信息系统（KMIS），调出了136辆同类型车辆，逐一排查。几天后，在排查的车号里，我又找到了一处裂纹，和2月28日发现的一模一样。我感到既兴奋又紧张，兴奋的是终于找到了规律，缩小了检查范围；紧张的是一定还有没被发现安全隐患的车辆在线路上运行……"报告时，紧张的神情再次回到了杨光的脸上。

后来，经过10天的努力，杨光又在其他7辆车底上发现了9起相同的裂纹隐患。"作为安全员，我对这个隐患反应异常强烈。我想，这个隐患不是偶然的，我们段其他两个客技站也有同类型的车辆。我第一时间就打电话过去，向他们通报裂纹情况，告诉他们故障的部位和检查方法……"杨光说。在杨光的建议下，郑州客车车辆段对全段相同型号的客车进行了普查，先后发现了数起同类安全隐患。

杨光发自内心的表达，赢得了现场职工经久不息的掌声。

☆☆☆

一位曾多次受到公司嘉奖的员工说："我多次受到公司的表扬和鼓励，我觉得自己真的没做什么。我很感谢公司对我的鼓励，其实，安全并不是一件困难的事，前提是你把它当作一种习惯。"当安全生产成为

你的工作习惯时，你的身上就会焕发出无穷的人格魅力。比如一个书店的营业员能经常整理书架上的书籍，一家公交公司的司机能每天检查一下车辆，这些做法渐渐会习惯成自然。当安全成为一种习惯，成为人的生活态度，人们就会自然而然地担负起安全责任，而不是刻意去做。当一个人自然而然地做一件事情时，不会觉得麻烦，更不会觉得劳累。

3. 重视安全，树立自我保护意识

生命来之不易，是人世间最宝贵的东西。生命如花一般美好，如火一般灿烂。金钱买不到，珠宝换不回。但是每个人的生命都只有一次，一旦失去就不能再生，不能重来。我们有什么理由不把生命放在第一位，有什么理由不好好地珍惜！因此，安全高于一切，我们时刻要把安全刻在心上，树立自我保护意识。

2012年2月20日23时30分，某重型机械有限责任公司铸钢厂铸造车间发生喷爆事故。事故造成13人死亡，17人受伤。其中11名伤势较轻者病情稳定，另外6人伤情严重，烧伤面积均在65%以上。伤者均为男性，年龄在20岁至51岁之间，以烧伤为主。

伤势较轻的吊车工徐某回忆说，事发时他正在倾倒钢水罐中的钢水，"正好是往回打罐的时候，忽然间那玩意儿就飞回来了，给我弹了个跟头。当时眼前一片漆黑，啥也看不着。"

受伤工人冉某当时离钢水罐只有七八米的距离。他回忆说："里面钢水动了，我就开始转身跑。刚跑两三步，钢水就

第一章 树立安全意识,培养良好的安全习惯

飞出来了,我感觉脸火辣辣的,然后就接着跑。反正现在回忆不出当时怎么跑的了,身上着着火,我就跑。"

事发后,几十个人前去探望伤者。

"听说这个消息,我马上就过来了,主要是担心有没有我的同学受伤。"一位前往医院探视的市民说,他曾在出事车间工作过一年,和很多现有工人是同学。据这位市民称,与自己同期入职的一名同学遇难,"心里很难受,他(遇难者)之前还参加过我的婚礼,明天我可能要去参加他的葬礼了。"

☆☆☆

生命的过程中危险无处不在、无时不在,因而安全事故也就如影随形,时时发生。那些鲜血写成的教训,使我们感悟到生命的宝贵,感悟到安全的重要。因此,生命需要安全。没有安全,生命没有保障;没有安全,生命随时可能凋残。生命是天,安全是地,唯有立足安全,方能顶起生命之蓝天。如果忽视安全,必然会带来损伤,甚至死亡!所以,对生命的珍惜,对生命的珍爱,对生命的不离不弃,几乎是每一个生命体最本能的选择、最基本的能力。一切生活、生产活动都源于生命的存在。如果人失去了生命,所有的一切也都化为乌有。安全一旦失去,万事皆会成空。即使保住了性命,但因为事故而残疾,我们的生活质量肯定也会大大地降低。因而,只有从心底深处深刻认识到安全的重要性,重视安全,做好自我防护,消除一切危险,时刻把安全握在自己的手中,才能保证生命的意义。

☆☆☆

江涛是一艘江轮上的船员。作为一名长年在船上工作的老船员,他清楚地知道自己所在的轮船其实是一艘"聋哑船"。"聋哑船"的意思是这是一艘没有安装通信设备的船,没有加入安全通信网。一旦发生紧急事件,这艘船将无法与其他船只和指挥中心进行无线联系,会给航运安全带来极大隐患。船的主人出于节省开支等原因,没有按规定配备通信设备。江涛虽

然知道这一点，但是并没有放在心上，因为连续两年的安全行驶让他放松了警惕，他认为只要注意一些，是不会出事的。

有一天，江涛在家休息，在收听电台广播时得知，某水域X号滚装船与T号轮渡相撞，造成数十人死亡，几十人失踪。原来T号轮渡是一艘"聋哑船"，因无法听见X号滚装船的高频通话，最终导致此次悲剧的发生，船上的船员全部丧命。

江涛再也坐不住了，他关掉收音机，觉得自己一定要有所行动了。他决定告诉船主这一消息，并请船主立即配齐所有的通信设备，因为，安全关乎自己的生命。

☆☆☆

安全，与企业的每一个员工密切相关，关乎每一个员工的生命与财产的安全。江涛从现实血淋淋的悲剧中及时醒悟，树立了自我保护意识，完成了从"要我安全"到"我要安全"的转变。工作中只有员工自己的心中有"我要安全"的意识，才能让"我要安全"成为自己的一种行为准则，才会真正地需要安全，而不会将安全的劝告视为累赘、负担。

安全是生命之本，事故是毁灭之因。有了安全做前提、做保障，企业才能立足，个人才能发展。如果每一个员工都具有对自己的生命安全负责的精神，就能把安全意识贯穿到工作的方方面面。因此，安全工作要重视人的主观能动作用，培养安全好习惯，变"要我安全"为"我要安全"。

4. 时刻讲安全，控制人的不安全行为

安全行为是个相对概念，是指肇发事故概率很低和使事故损失很小

第一章 树立安全意识，培养良好的安全习惯

的行为特征，反之则为不安全行为。不安全行为一是指易于肇发事故的行为，二是指在事故过程中扩大事故损失的行为。

无论是生活中还是工作中，员工都可能会做出一些不安全的行为，其中大部分行为都是不经意做出的，习惯使然。但不知你是否想过，就是这些小小的习惯行为或细节，有时会造成后悔终生的遗憾，甚至付出生命的代价。

☆☆☆

有个化验室收到一瓶用矿泉水瓶装着的没有做任何标记的甲醇样品，接收人员没有立即将其送到分析室，而是放在办公室的窗台上，只是对在场的人进行了口头提示。一会儿，一名大大咧咧的化验员进入办公室，误将样品当作矿泉水，喝进肚子里才发现味道不对，然后被紧急送医院进行洗胃处理。

☆☆☆

这就是不安全行为酿成的灾难，如果接收人员有安全的习惯立即把样品送到分析室，或者贴上标签，都不会出事。当然，如果那位中毒的化验员有良好的习惯，就不会随便拿起"水"喝。可见，不安全行为是安全的大敌。显然，在工作中，许多安全隐患存在于我们的不良行为中。比如很多人都有开车时打电话的习惯，开车打电话容易注意力不集中，不能及时应对路面突发状况，所以，开车打电话时安全隐患早已存在。在我们生产过程中，总存在一些不安全行为，它往往被工作人员忽视，如不加以纠正，可能会造成工作人员思想麻痹和判断失误，最终产生极大的危害。比如在高空作业中，作业人员必须佩扎安全带，以防高空坠落。但高空作业人员不按规定佩扎安全带的现象比比皆是，这就是典型的不安全行为。几乎所有人员都知道相关的安全作业规定，叙述起作业程序也头头是道，但就是没有做到，或者嫌麻烦根本就不想去做到，从而埋下了事故隐患。一旦发生事故，悔之晚矣！

☆☆☆

员工常见的不安全行为主要有以下几种：

让安全成为一种习惯

①操作错误、忽视安全、忽视警告：未经许可开动、关停、移动机器，开、关机器时未给信号，开关未锁紧，造成意外转动、通电或漏电等，忘记关闭设备，忽视警告标记、警告信号，操作错误，奔跑作业，机器超速运转，手伸进冲压模，工件坚固不牢，用压缩空气吹铁屑。

②造成安全装置失效：安全装置被拆除、堵塞，作用失效，调整的错误造成安全装置失效。

③使用不安全设备：临时使用不牢固的设施，使用无安全装置的设备。

④手代替工具操作：用手代替手动工具，用手清除切屑，不用夹具固定、用手拿工件进行机加工，物品存放不当。

⑤冒险进入危险场所：冒险进入涵洞，接近漏料处、危险化学品房、基建工地。

⑥攀、坐不安全位置：在起吊物下作业、停留，机器运转时加油、修理、调整、焊接、清扫等，有分散注意力的行为。

⑦未穿戴劳保用品：在必须使用个人防护用品、用具的作业场所忽视其作用。

⑧不安全装束：在有旋转零件的设备旁作业时穿过于肥大的服装，操纵带有旋转部件的设备时不戴手套，女员工的长发不盘起来操作辊压机。

☆☆☆

在安全生产中，我们经常强调控制产生事故的两个方面原因，即控制人的不安全行为和物的不安全状态。比较起来，控制人的不安全行为显得更重要。人的不安全行为是安全生产的大敌，是导致各类安全事故的罪魁祸首。因此，我们要想减少和杜绝各种事故的发生，就必须重点在控制人的不安全行为上下工夫。那么，怎样才能控制人的不安全行为呢？

(1) 从心理上加以控制

人在从事生产劳动时，心理状况受不良情绪和不良环境等因素的影响，因此，应该千方百计保证精神愉快，并努力创造一个整洁、良好的工作环境，使人能全神贯注，一丝不苟地投入工作；一旦发生了事故，能反应敏捷，不慌乱无措。

(2) 从生理上加以控制

由于人的精力有限，所以在工作中应劳逸结合，不要过于紧张、劳累。操作中身体如果出现了不适的症状，不要勉强坚持，避免由于身体原因而导致意外事故的发生。

(3) 从生产技术上加以预防

对容易发生事故的部位和危险源点，要悬挂醒目的警戒标志，安装防护和报警装置，防止不安全行为发生。

总之，只有时刻控制人的不安全行为，才能使其养成安全好习惯，才能保证安全。

5. 纠正不良的安全观念，养成良好习惯

在日常工作中，安全意识如果成为行为习惯，就会左右我们员工的行动。要使安全成为下意识行为，成为行为习惯，关键是要通过学习，全面提高人的知识修养，充分认识安全的内涵，让安全观念在头脑里扎根开花，养成良好习惯。

所谓安全观念，就是人们头脑中建立起来的安全意识，也就是人们在生产活动中对各种各样有可能给自己或他人造成伤害的外在环境条件的一种戒备和警觉的心理状态。眼界决定世界。安全工作也是如此，我

让安全成为一种习惯

们员工所持有的观念将影响实际的安全效果。

　　安全是一个永久的话题。调查表明,思想意识上的轻视、疏忽,没有在心中树立起正确的安全观念是导致安全事故频繁发生的重要原因。无知者无畏,不知道什么是不安全行为,也就无法向不安全行为告别。因此,养成安全好习惯先要纠正不正确的安全观念。

传统的不正确安全观念有:

①"生死由命,富贵在天",传统的听天由命观念;

②"经济增长第一",以经济增长为唯一目标的发展观;

③事故"实践才出真知"的观点;

④用革命精神应对风险的观点;

⑤"要钱不要命"财产权优先的观点;

⑥"见义勇为"而非"见义智为"的观念;

⑦求神保佑、信奉宿命、只图吉利、讳言不吉的文化;

⑧"死了怕什么,二十年后又是条好汉"的鲁莽观点。

现实企业管理者中不正确的安全观念有:

①领导违章特殊论;

②高危行业风险"必高"论;

③经济高速发展事故"必高"论;

④事故责任追究"命运观",无追究是福气,被追究是晦气;

⑤事故必然论,发生是必然的,不发生是偶然的,碰上是运气使然;

⑥安全是负担,是无效益的成本;

⑦安全投入是软成本的认识论;

⑧"预防成本高""事故成本低"的成本观;

⑨"死得起,伤不起,事故发生得起"的观点;

第一章 树立安全意识，培养良好的安全习惯

⑩大干快上，提前竣工；

⑪赶时间、赶进度，提前超量完成生产任务。

现实企业员工不正确的安全观念有：

①工伤光荣论；

②违章英雄论；

③事故难免论；

④习惯难改论；

⑤预防遥远论；

⑥规章应付论；

⑦护品无用论；

⑧违章不一定有事故；

⑨安全是做给领导看的；

⑩安全就是应付检查的；

⑪事故决定于运气；

⑫反正有工伤保险，事故伤害无所谓；

⑬安全生产是领导的责任，与己无关；

⑭安全复训"厌学情绪"。

☆☆☆～～～～～～～～～～～～～

习惯培养，观念先行。安全观念说大了，关系到企业的发展，关系到社会的安定团结；说小了，关系到生命的延续、家庭的美满和幸福。因此，我们要纠正不正确安全观念，树立正确的安全观念，养成安全好习惯。思想是行动的先导，只有让正确的安全观念成为一种习惯，把安全放在第一位，才会有安全的行为，才能保证安全。如果我们中的每一个人都能以"安全第一"的方式来思考问题和付诸行动，那么安全就成了我们的习惯。

> 让安全成为一种习惯

6. 以安全为准绳，牢记"三不伤害"

现实生活中，一例例血的教训告诉我们，因为一时的疏忽和麻痹而付出的代价是惨痛的，而那些侥幸者，他们虽在抢救后活了下来，可他们的身体和心灵却留下了难以弥补的创伤和痛苦。痛定思痛，从血的教训中我们不难看出，安全就是点点滴滴的行为习惯，员工需要以安全为准绳工作，牢记"三不伤害"原则。

"三不伤害"就是不伤害自己，不伤害他人，不被他人伤害。这句话是我国为了保证员工的生产安全以及减少违章操作而采用的安全生产原则。安全是职工生命的保护神。任何一个企业如果没有安全做保证，不把安全作为首位工作来抓，其他工作便无从谈起。因此，对安全工作负责就要把"三不伤害"原则作为安全的头等大事。只要每一个员工都能在工作中做到"三不伤害"，员工的安全就有了保障。

在伊索寓言里曾有一个这样的故事：一只蜜蜂飞越千山万水来到奥林匹斯山，把蜂蜜献给众神之王、主宰世间一切的宙斯。宙斯对蜜蜂的奉献很高兴，就答应给它所要求的任何东西。蜜蜂于是请求宙斯说："请您给我一根刺，如果有人要取我的蜜，我便可以刺他。"宙斯很不高兴，但因为已经答应，不便拒绝它的请求，于是，宙斯回答蜜蜂说："你可以得到刺，但那刺留在对方的伤口里，你也将因为失去刺而死去。"

安全工作中，害人就是害己，肇事者不是因为自己的错误受到了伤害，也会因为自己的错误而受到法律的制裁。所以，员工需要谨守

"三不伤害"原则。

"不伤害自己"，就是要我们提高自我保护意识，不能由于自己的疏忽或者失误而导致自己受到伤害。我们要想不伤害自己，必须提高自己的安全意识，巩固自己的安全知识，熟悉自己的工作任务，掌握岗位安全技能，端正工作态度，选对工作方法等。必须高度重视，集中思想，抖擞精神，一丝不苟，不能有一丝的麻痹大意、侥幸心理。要严格按照规章作业，任何时候都不能违章作业，严格按照要求佩戴劳动保护用品，也只有这样才能做到在工作中不伤害自己。其实违章作业或者不按要求佩戴劳动保护用品就是一件"搬起石头砸自己的脚"的行为，是对自己的不负责任。不伤害自己也是我们工作中必须做到的，如果员工连"不伤害自己"都做不到，怎么能谈得上"不伤害他人"以及"不被他人伤害"？所以我们要谨守"不伤害自己"的原则。

"不伤害他人"就是自己要对自己的行为负责，在生产过程中，不能因自己的失误疏忽或者是违章作业对他人造成伤害。要知道，任何人的生命都是宝贵的，他人的生命更不应该因为自己的过错而失去，保证自己和别人的安全是每位员工应尽的义务。只有每位员工都紧绷安全这根弦，时刻把安全放在心里，做到安全第一，严格遵守安全制度，坚持按章作业，不麻痹大意，不抱侥幸心理，才会有实实在在的安全，才能真正保证安全。伤害是把双刃剑，当你伤害了别人时，也是在刺向你自己。

"不被他人伤害"就是每个人在工作中，如果遇到别人的失误操作，或者其他安全隐患会对自己造成伤害时，自己要有防范意识，避免他人对自己造成伤害。人的生命是非常脆弱的，并且生命万分珍贵，所以自己的生命安全应该掌握在自己手里，不应该让他人伤害，即使是无意的伤害。因为越是无意的伤害，你越没有防备，越容易受伤，也越容易被我们所忽略。坚持自己的生命安全不能由他人随意来伤害，这就要求每个员工必须树立自我保护意识。

"不伤害自己，不伤害他人，不被他人伤害"，虽然只有16个字，却概括了所有的安全条款，几乎涵盖了所有员工应遵守的安全管理规章制度，体现了《中华人民共和国安全生产法》的所有内容。比如，规范穿戴劳保用品，就是为了不伤害自己；严格操作，不违反制度，就是为了不伤害自己的同时也不伤害别人。提高安全意识，增强安全技能，就是为了防止自己承担别人留下的错误，也就是不被他人伤害。

"三不伤害"融会了中国古人的智慧。中国传统道德讲究自身修养，就是自爱，自己不伤害自己；佛家讲"不恼害众生"，蝼蚁之命尚不能伤害，这也就是不能伤害他人；而现在整个社会讲和谐，和谐就不能彼此伤害，也就是不被他人伤害。"不伤害自己，不伤害他人，不被他人伤害"，虽然每个人都记得非常清楚，但是真正理解的人又有多少？"三不伤害"没有人怀疑，看似简单，但是能把简单的事坚持做就是不简单。

河南某厂李某和全班人员在现场工作，交接班时发现工作面刮板输送机下滑。在割煤时，班长安排李某用单体柱一头搭在刮板机上，一头搭在大立柱上防止输送机下滑，移架时，要先把单体柱拆掉后再移架。煤机过后，李某开始移架，身边的王某见李某违章操作，劝李某要先卸掉单体柱再拉架，而李某为了图省事，没有听从班长的安排和工友王某的劝告，直接移架，由于拉架速度过快，单体柱突然跳起，砸中李某的脚。虽说没有致命的危险，但是李某这只脚再也不能像正常人一样行走了。这次事故中李某不听从班长安排和工友劝告，违章操作，对事故负有直接责任。这是一种自我伤害。而王某见他人违章操作，制止不力，对事故也负有主要责任，被免去职务。对王某来说，由于自己的监管不力，不仅对别人造成了伤害，

对自己也造成了伤害。

☆☆☆

"三不伤害"说起来容易做起来难，在工作中，违章作业伤害自己，违章指挥伤害他人，这样的案例有太多太多，这样的悲剧也有太多太多。但是只要在生产过程中谨守"三不伤害"原则，主动参加安全培训，学习安全技能，掌握操作方法，做到不伤害自己。养成遵章守纪的习惯，领导在与不在一个样，有人检查和没人检查一个样，不偷懒，不冒险，不违章，不放过任何隐患，做到不伤害别人。提高识别和处理危险的能力，做到不被别人伤害，才有真正的安全。所以，我们员工要培养安全好习惯，只有做到"三不伤害"才能保证安全生产的环境。

第二章

消除不良心理,别让情绪问题影响安全

心理情绪与安全行为息息相关。情绪是指人对客观事物的态度和体验。人不可能离开情绪,人总是在一定的情绪中生活。心理学家研究发现,不良心理情绪会给安全生产带来隐患。如果一个人情绪浮躁,心绪不宁,工作起来就会手忙脚乱,甚至导致安全事故发生。

> 让安全成为一种习惯

1. 杜绝侥幸心理,"万一"是最大的安全威胁

在工作中,有些员工经常会认为:设备有些小毛病,不会出大问题;工作就一小会儿,不戴安全帽也没事……这些都是侥幸心理的体现。侥幸心理是人的不正常的心理反应,是指行为人为了追求个人目的以及对自己的行为所要达到的结果过于自信而存在的不负责的、放纵的、投机的一种心理状态。这种不负责的、放纵的、投机的心理,会给工作事故的发生埋下了隐患。

侥幸心理主要体现在三个方面。一是认为小节无害。认为小失误可以原谅,可以理解,这是安全生产意识不强的表现。二是从众攀比。不把安全生产法规制度作为衡量是非的标准,而是把眼睛盯在别人身上,特别是看到他人因违规生产没有得到惩罚,心理不平衡,觉得他能这么做,我也可以,最终引发事故。三是过高估计自己。干别人不敢干的事,甚至是安全生产法律法规明令禁止的事。上面三种心理都是在拿自己的生命作赌注,将生命当儿戏。

☆☆☆

有这样一个案例:一名电工在处理电器故障前,对值班人员说:"我去处理故障,你20分钟后送电。"值班人员担心这样做不妥,很危险,而那位电工说道:"没问题,处理这类事故顶多用10分钟。"20分钟后,值班人员如约送电,并前去检查设备运行情况,结果发现那位电工已经触电。事故的原因是,在送电时,电工对电器故障还没有处理完毕。那位电工忽视安全操作规程,凭经验,抱着侥幸的心理,最终害了自己。

☆☆☆

第二章 消除不良心理，别让情绪问题影响安全

在企业生产和检修过程中，类似上述的事例并不鲜见。这起案例再一次给我们敲响了安全警钟：任何时候都不能抱着侥幸的心理去工作。员工安全没有"侥幸"可言，"侥幸"本身就是最大的事故隐患。在现实生活中，因侥幸心理造成的事故数不胜数。多少用鲜血和生命换来的教训告诉我们，安全生产工作来不得一丝虚假，容不得半点侥幸，否则就是对健康和生命的漠视。

世界上有一个著名的"海因法则"，提出了"300：29：1"的规律，说的是：当一个企业有300个隐患或违章，必然要发生29起轻伤或故障，另外还有一起重伤、死亡或重大事故。可现实中，人们的思维往往与其相反。"不用担心，既然已经有了那么多隐患、发生了那么多违章，都没有发生什么事故，看来不会有事，就算有也不过是29次轻微事故而已。"这种思维，把带偶然性质的运气视为必然，恰与"海因法则"相悖。其实，一旦有重大事故发生，所遭受的巨大损失，就成了一次次侥幸行为所分摊的高额成本。

☆☆☆

四川省某磷矿化工厂磷铵车间磷酸工段化工一班操作工王某，在对磷酸工段盘式过滤机辅料情况检查时，致发生盘式过滤机翻盘叉及翻盘滚轮、导轨立柱、导轨挤压、辗压伤害事故，王某左腰部、后背部挤压伤，双腿大腿开放性、粉碎性骨折，经抢救无效死亡。

1月28日0时30分，磷铵车间化工一班值长陈某、班长秦某、尹某、王某等人值夜班，交接班后，各自到岗位上班。陈某、秦某俩人工作职责之一是到磷酸工段巡查，尹某系盘式过滤机岗位操作工，王某系磷酸工段中控岗位操作工，其职责包括对过滤机进行巡查。清晨5时30分，厂调度室通知工业用水紧张，磷酸工段因缺水停车。清晨7时40分，陈某、尹某、王某3人在磷酸工段三楼（事发地楼层）疏通盘式过滤

让安全成为一种习惯

机冲盘水管，处理完毕后，清晨7时45分左右系统正式开车，陈某离开三楼去其他岗位巡查，尹某在调冲水量及角度后到絮凝剂加料平台（距二楼楼面的高差3米）观察絮凝剂流量大小，尹某当时看到王某在三楼过滤机热水桶位置处。经过一分多钟，尹某突然听见过滤机处发生惨烈的叫声，急忙跑下平台楼到操作室关掉过滤机主机电源，然后跑出操作室看见王某倒挂在过滤机导轨上。尹某急忙呼叫值长陈某和几个工人，一齐紧急施救。当时现场情况是：王某面部向上倒挂在盘过导轨上，双手在轨外倒垂，双脚在导轨（固定设施）和平台（转动设备，已停机）之间的空当儿（200毫米）内下垂，大腿卡在翻盘叉（随平台转动设备）与导轨之间，已明显骨折。施救人员迅速倒转过滤机后将王某救出，并抬到磷酸中控室（二楼），现场紧急抢救。王某终因伤势过重于上午8时25分死亡。

经事故调查小组多次现场考证、比较、分析，认为死者王某在侥幸心理下违章作业是导致事故发生的主要的、直接的原因。一是王某上班时间劳保穿戴不规范，纽扣未扣上，致使在观察过程中被翻盘滚轮辗住，难以脱身，进入危险区域；二是王某在观察铺料情况时违反操作规程，未到操作平台上观察，而是图省事到导轨和导轨主柱侧危险区域，致使伤害事故发生。

在安全问题上，侥幸心理就是最大的事故隐患。因侥幸心理作祟导致的安全事故有很多，事后后悔的更多。"如果……我就不会出现问题了。"很多人在安全问题出现后，都会讲这样一句话。但"如果"只是一种假设，是最容易挂在嘴边的借口，却于事无补。有的人在问题出现以后，逢人就说"如果当初我不这样就好了""如果当初我那样做就好了"等，这不是对问题原因的正确总结，而是一种无可奈何的叹息。在现实中，有些职工尤其是一些老职工会产生侥幸心理。头脑中没有安全意识，对违章违规行为不以为然，认为以前工作都是这么干，再做一次又何妨，潜意识中存在着"偶尔违规一次不要紧"的侥幸麻痹心理，就会接二连三出现违章违纪现象。殊不知有第一次违规就会有第二次，有第三次，终有一次会尝到苦果。

安全事关财产、事关生命，是要常抓不懈的永恒主题。即使是对安全不够重视甚至导致发生事故的领导或员工，也都并非不知道安全的重要性。但问题在于，事故总是屡屡发生。症结何在？就在于忽视安全问题，心存侥幸。因此，在安全工作中，我们员工要坚决杜绝侥幸心理。千万不要以为自己一两次违章作业没有出事，就忘乎所以，一直违章下去。我们只有充分认识到侥幸心理的危害，及时消除思想的隐患，头脑中时时不忘安全责任，认认真真按规章制度办事，才能杜绝安全事故的发生。

2. 克服急躁心理，图省事恰恰会坏事

急躁心理，通常是指碰到不顺心的事情马上情绪激动不安，冲动发怒，甚至有暴力倾向；或者想马上达到目的，不做好准备就想开始行动的情绪状态。急躁容易引起愤怒冲动，让人做出终身后悔的事。

在安全工作中，急躁的人易带来不良后果。一是做事蜻蜓点水。二是说起风就是雨，美其名曰"雷厉风行"，一旦有或听到新奇的想法，就不顾自身的主客观条件如何，鲁莽上阵，不做冷静的、全面的利弊与可行性分析、论证。其结果往往是半途而废，甚至让自己下不了台。三

是常感情用事，易发脾气，不计后果。

急躁是一种性格的表现，很多人都会有这种现象。生活中总有这样的人，他们脾气急躁、易冲动，刚有个想法就急着付诸行动，想什么就说什么，经常一说就犯错，说过再后悔。可一遇到事情，又故态复萌。脾气急躁、易于冲动的心理对安全工作十分不利。要把安全做好，就要时刻警惕"图省事"的心理，不能因为一时偷懒，就省略做事的步骤和环节。我们很多人做事的时候，只要一有厌烦的情绪，就想逃避，不愿意去正视，就算离要求和目标有很大差距，也想就这样算了，赶紧做完拉倒。然而事情往往是，你越想省事越省不了事，越想省心结果反倒更操心。

☆☆☆

维修作业后，新员工小王和小叶打算把气管线连接在空压机出气口，将设备吹扫干净。由于缺少合适的管箍，仓管员又不在附近，为图省事，小王随手拿起口径较大的管箍固定气管，而小叶拿着气管一端对准设备准备吹扫。这一幕被路过的队长余文严厉制止："别开气源，卡箍太大固定不紧，危险！""没事，这个出口压力不大。"小王拍着胸脯说。"那我打开阀门给你们看看，"余文缓慢把阀门打开，卡箍和管子一起飞了出去……看到这一幕，小王和小叶惭愧地低下了头。

☆☆☆

绳子断在细处，事故出在松处。安全生产千万不能图省事。怕麻烦、图省事，这可能是人人都有的心理。但安全工作本身就是一项长期的、烦琐的工作，需要从事安全工作的人不厌其烦、不图省事。经常听到有人在背后发牢骚，嫌工作麻烦，认为一些规章、程序是多余的。其实安全工作中的每一条规定、每一项制度、每一个流程都是长期工作经验的总结，有着血和泪的教训。如果你怕麻烦、图省事，工作中就会想办法抄近路，能省就省，心存侥幸。或许你的一次、两次操作并没有对安全构成危害，但是，久而久之，习惯成自然，不规范的操作就会带来

第二章 消除不良心理，别让情绪问题影响安全

极大的隐患，一旦外部因素触发，就会造成事故。

一家食品厂从日本引进了一台先进的冷藏设备，该厂决定在这套设备的蔬菜保鲜冷库里自制一批钢管结构货架。这是一项要求十分严格的工作，但并没有引起厂长叶某的重视，也没有认真组织人员进行研究。在一无科学计算，二无正规设计，三无加工工艺要求，四不通过验收试用的情况下，货架造了出来，并立即投入了使用。不久之后的一天下午，二号库西侧堆放20余万斤土豆的十几排货架因承受不住重压而全部倒塌，致使当时正在工作的11名工人被压伤。事故发生后，厂领导对事故进行了处理，并坚决要求叶某杜绝此类事故再次发生。叶某在领导面前非常自信地说："没问题了！"然而，安全的重要性，叶某还是没有认清。

几天后，叶某来到三号库，发现数排货架突出1.9米，有许多工人正在下面作业。他没有采取措施，只要求工人们"推车要当心，别碰在立柱上"，让工人继续冒险作业。这样又过了两天，货架倒塌事故再次发生，造成2人被压身亡、3人重伤、7人轻伤的惨剧。

可以说，两次重大伤亡事故的发生，都与厂长忽视安全责任，图省事有关。我们从事安全工作就应该不怕麻烦，不图省事。安全无小事，你的一次小小的省事，极有可能造成致命的危险。怕麻烦、图省事，对工作中一些规章不执行，发现的一些小隐患、小问题，不进一步去检查、去排除，任凭隐患存在，你得到的"回报"必将是惨痛的。反之，如果你工作仔细，对工作中发现的小隐患认真排查，及时处理，那么你多一遍复查，多一次询问，就可能化解了一次重大伤亡事故的发生。

3. 小心厌倦心理，工作散漫就是隐患

一些员工上班刚见面，脱口一句话就是："今天我心情不好，别惹我。""我今天心烦，别理我。"这实际上是员工"厌烦心理"的具体表现。现代心理学上把"厌烦心理"也叫作"精神疲倦"，它与因连续工作而致使机体能量消耗的生理疲劳不同，它是指人长期从事一些单调、机械的工作活动，伴随着机体生化方面的变化，中枢局部神经细胞由于持续紧张而出现抑制，致使人对工作、对生活的热情和兴趣明显降低，直至产生厌倦情绪。精神疲倦常常带有主观体验的性质，并不完全是客观生理指标变化的反映。精神疲倦是一种心理压力，让人感觉身心很疲惫，感觉心很累。长期的心理疲劳，会使人心情抑郁、百无聊赖、心烦意乱、精疲力竭。在这种心情下工作，安全性就会大大下降。

精神疲倦不仅降低学习与工作效率，而且对心理健康也有一定的影响。研究表明，精神疲倦在员工的生活中扮演着一个"无声杀手"的角色，如果得不到及时疏导化解，长年累月，在心理上会造成心理障碍、心理失控甚至心理危机，在精神上会造成精神萎靡、精神恍惚甚至精神失常，引发多种疾患，如紧张不安、动作失调、失眠多梦、记忆力减退、注意力涣散、工作效率下降等。"什么样的心态造就什么样的人生"，同样，我们以什么样的心态来对待安全工作，安全就会以什么样的态度对待我们。厌倦心理会带来疏忽、畏难、敷衍、偷懒、轻率等表现，在这样的情形下，做事总是不用心，对工作能敷衍就敷衍、能应付就应付、能逃避就逃避，安全工作必然隐患重重。

在安全工作中，厌倦心理常常表现为"差不多""大概过得去"

第二章 消除不良心理，别让情绪问题影响安全

"还行吧""凑合"这样的怠慢心态，那是很要命的，殊不知"差不多"的结果其实是差很多。正是因为我们有这种"差不多"心态，工作中才漏洞百出。"差不多"三个字，从表面上看起来，似乎给人的感觉"不差"，完成的工作也"不差"。但正是在这模模糊糊的用语里，包含着模模糊糊的意识，潜伏着极大的隐患与危险。细想想，有些安全事故的发生，就是这"差不多"思想酿成的恶果。

☆☆☆

提起胡适先生笔下的"差不多先生"，想必大家都不陌生——他姓差，名不多，您一定见过他，一定听别人谈起过他。他常常说："凡事只要差不多，就好了。何必太精明呢？"他死后，大家都很称赞差不多先生样样事情看得破，想得通；大家都说他一生不肯认真，不肯算账，不肯计较，真是一位有德行的人。他的名声越传越远，无数的人都以他为榜样，于是人人成了差不多先生。历史的车轮已经驶入21世纪，但"差不多先生"依然有着旺盛的"生命力"，就在企业安全生产中，我们也不难发现他的身影。

☆☆☆

其实，安全生产中的"差不多先生"的相貌和你我都差不多，他有一双眼睛，但看得不是很清楚，现场检查走马观花，对于工作环境中的安全隐患他睁只眼闭只眼就过去了；他有两只耳朵，但听得不是很分明，员工反映的安全问题，上级下达的安全指令，他左耳进右耳出；他有一个鼻子，但对气味不是很讲究，对于作业现场的异常气味，他都可以接受；他有一张嘴，但说的总是那句"差不多"，对于员工的违章行为从不指出；他的脑子不小，但他的记性却不是很好，他的心思也不够缜密，他的安全责任心也不够强，实在与安全工作格格不入。这些大都是厌倦心理在起作用。

厌倦心理表现在工作上一是反映了责任心差，对待工作总是满足于差不多，思想上懈怠，管理上疏漏。这实质上反映的是责任心的弱化和

缺失。责任心差了，就免不了出问题、出事故。二是反映了工作标准差，暴露出思想上的懒惰。对待工作如果总是"差不多"，必然会出现低标准、老毛病、坏作风，工作就会得过且过，最终与事故握手。三是反映了素质能力差。"差不多"，实则道出了技能不熟练，学习不到位，素质不过硬，是底气不足的典型表现。底气不足，必然导致干工作吃力、马马虎虎甚至模棱两可，这就为安全隐患提供了"发酵"的空间。因此，"差不多"实际是差很多，对安全生产有百害而无一利。

总之，安全工作，一是一，二是二，一分不可多，一分不可少，来不得半点"差不多"，需要的是像小数点一样精确的概念，需要的是精之又精、细之又细、准之又准、严之又严的工作作风，需要的是从细微之处着手，从一点一滴做起，一丝不苟地落实规章制度，把手中的活做精、做细、做实。只有如此，才能发现细小的隐患和"瑕疵"，也只有杜绝厌倦心理，克服这种"差不多"的思想，才能使隐患无处藏身，长期实现安全生产，促进企业和谐稳定发展。

4. 化解逞能心理，不要冒险蛮干

逞能心理在安全上非常有害。员工要明白一个简单的道理，该自己干的事情，坚决干好；不该自己干的事情，最好不去干。其实，在一个单位里有很多能人，他们的水平很高，我们不要逞能。

小薛是个好面子的人，干什么都好显示自己的能耐，七个不服，八个不让的。当单位的工作遇到困难时，别人都保持沉默，领导还没有讲话，他先拍胸脯说没有问题，结果是自找苦

第二章 消除不良心理，别让情绪问题影响安全

吃，还没有人理解他。人家在一起谈论问题时，他闯进来，毫无道理地打断人家的谈话，非要人家顺着他的话题谈。争论问题时，他总要以各种理由狡辩，非得压住对方不可，有时争论得脸红脖子粗也不服气。一次，单位的电脑出了点故障，他说他懂电脑，结果也不知道是按了哪个键，把电脑硬盘全部格式化了，系统资料全部丢失，害得同事吃了不少苦，领导也批评了他的逞能行为。

一天，单位的司机把汽车停在了门口，正好外单位来了车进不来，需要把车移走。司机正好有点事，他主动提出下去移车，人家问他的开车技术怎么样，他说没问题。结果在移车时，由于技术欠佳，把20多万元的汽车门刮了一个大道子，单位领导严肃批评了他。

还有一天，单位办公室的保险丝烧断了，几个女同事说请电工来修理，他为了在女同事面前显示自己懂电工知识，就鲁莽地上去接保险丝。几个女同事看到他学雷锋，主动做好事，就一起给他鼓掌，表示感谢。他更来了精神，结果发现保险丝盒是新型的，以前他没有见过，不知道怎么接，想退下来，可是下面的女同事还鼓着掌呢，他担心没有了面子，于是硬着头皮接。结果突然触电，昏迷了5分钟，险些发生意外。

☆☆☆〰〰〰〰〰〰〰〰〰〰〰〰〰〰〰〰〰

俗话说："没有金刚钻，不揽瓷器活。"逞能心理严重的人，会导致蛮干行为的发生，触电的事实为逞能的人敲响了警钟。在工作上，争强好胜本来有一定的积极作用，但如果它和炫耀心理结合起来，且发展到不恰当的地步，就会走向反面。在逞强的心理支配下，为了显示自己的能耐，往往会使自己头脑发热，干出一些冒险又愚蠢的事情来。

一般来说，男人更易有逞能心理，好面子、爱吹嘘。其实，好逞能的人往往是不自信的人，内心里总希望大家注意他，重视他的存在。由

让**安全**成为一种**习惯**

于目中无人,自以为是,不知道尊重别人,所以会招致大家的反感。因此,好逞能的人一定要学会尊重人,实事求是,客观地对待任何人、任何事。员工应该在生活中逐渐克服逞能心理。克服的方法有两点:一是实事求是,正确地评价自己,过高地估计自己办事的能力。二是不图虚荣,敢于承认自己无能,对于自己力所不及的事情,马上如实告之。

某钢铁公司中型轧钢厂的加热炉,原来使用重油做原料,设有地下油池,容量为1600吨,后来因重油供应不足,改为原油做原料。为了缩短油罐列车的卸车时间,厂里决定将原来30千瓦普通油泵改为75千瓦深井泵。在对地下油池改造之前,一日上午,公司消防队队长赵某到该厂地下油池现场查看,之后对消防员刘某提出4条意见:①灯要换成防爆灯;②池顶上的电器设备要搬下来;③取油样化验;④向公司写报告,批准后再报。消防员刘某随即找到主管安全和改造工程的副厂长汇报。杜某和梁某两位副厂长对消防队长的意见均未加考虑。当天下午,杜某擅自批准机修人员在油池上焊吊泵体的钢架子。次日杜某请假回家,安泵工作由附近盖小房(为油池顶上搬下来的电器设备用)的冯某负责。这天上午,由于油池内原油基本抽空,虽然大量动用明火,但未发生事故。但是到了13时15分,油库进了12节油车开始卸油,冯某作业时仍未采取防护措施,施工人员继续动用明火,14时35分引起爆炸。这场事故共造成24人死亡、2人重伤、21人轻伤,直接经济损失达22万多元。

这是一起由于严重违章而造成的事故。施工人员缺乏安全意识,冒险蛮干,从火车油罐里向地下油池中卸原油的同时,在油池顶部动用电气焊明火作业,最终酿成了这场大祸。因此,在工作中有了逞能心理,要及时克服,通过学习,提高自身修养,使自己变得谦虚起来。特别是安全工作关乎生命，更不可逞能去冒险蛮干。

5. 抛弃从众心理，安全不能随大流

从众心理指个人因受到外界人群行为的影响，在知觉、判断、认识上表现出符合于公众舆论或多数人的行为方式。从众心理通俗地解释就是"人云亦云""随大流"，大家都这么认为，我也就这么认为；大家都这么做，我也就跟着这么做。

很多实验研究表明，从众心理现象是大部分个体普遍有的，只有极少数的人能够保持自己的独立性。通常情况下，多数人的意见往往是对的。少数服从多数，一般是不错的。但缺乏分析，不作独立思考，不顾是非曲直一律服从多数，随大流走，则是不可取的，是消极的盲目从众行为。

影响从众行为的因素主要有以下几方面。第一，群体因素。群体规模大、凝聚力强、群体意见的一致性等，都易于使个人产生从众行为。第二，情境因素。包括两方面，一是信息的模糊性，即情境所给出的信息越不明确，人们越容易产生从众心理；二是权威人士的影响，即情境中的人物越具有影响力，大众越容易产生从众心理。第三，个人因素。这主要反映在人格特征、性别差异与文化差异三个方面。一般地说，自信心不足、性格软弱者，较易从众；女性比男性容易从众；不同文化背景的人，其从众表现有一定差别。

从众心理会产生典型的羊群效应。羊群效应是指管理学上一些企业的市场行为的一种常见现象。例如，一个羊群（集体）是一个很散乱的组织，平时大家在一起盲目地左冲右撞。如果一头羊发现了一片肥沃

的绿草地,并在那里吃到了新鲜的青草,后来的羊群就会一哄而上,争抢那里的青草,全然不顾旁边虎视眈眈的狼,或者看不到还有其他更好的青草。这对于安全管理非常不利。因为羊群效应就是一种从众心理,从众心理很容易导致盲从,而盲从往往会陷入骗局或遭到失败。

有则笑话:一位石油大亨到天堂去参加会议,一进会议室发现已经座无虚席,没有地方落座,于是他灵机一动,喊了一声:"地狱里发现石油了!"这一喊不要紧,天堂里的石油大亨们纷纷向地狱跑去,很快,天堂里就只剩下那位后来者了。这时,这位大亨心想,大家都跑了过去,莫非地狱里真的发现石油了?于是,他也急匆匆地向地狱跑去。

笑过之后,聪明的你应该很快就能明白什么是羊群效应。羊群效应启示我们:对他人的信息不可全信也不可不信,凡事要有自己的判断,才能保持清醒独立。因而,对于从众心理,我们必须慎重,不可轻易盲从。

美国人詹姆斯·瑟伯有一段十分传神的文字,来描述人的从众心理:突然,一个人跑了起来。也许是他猛然想起了与情人的约会,现在已经过时很久了。不管他想些什么吧,反正他在大街上跑了起来,向东跑去。另一个人也跑了起来,这可能是个兴致勃勃的报童。第三个人,一个有急事的胖胖的绅士,也小跑起来……十分钟之内,这条大街上所有的人都跑了起来。嘈杂的声音逐渐清晰了,可以听清"大堤"这个词。"决堤了!"这充满恐怖的声音,可能是电车上一位老妇人喊的,或许是一个交通警说的,也可能是一个男孩子说的。没有人知道是谁说的,也没有人知道真正发生了什么事。但是两千多人都突然奔逃起来。"向东!"人群喊叫了起来。东边远离大河,东边安全。"向东去!向东去!"……

一般来说,有不少人都具有较为强烈的从众心理,不自觉地认为大多数人是对的，缺乏主见，易受暗示，很容易不加分析便接受他人意见甚至付诸行动。这种心理在安全管理上是非常有害的。在企业安全工作上也有这种从众心理现象，明明安全规程上要求：凡进入生产区域的人员要按规范戴好安全帽，身着工作服，可有些人在夏季嫌戴安全帽和穿厚实的工作服闷热。于是，安全帽虽卡在头上，但帽带子没有系牢靠，工作服也没按照标准来穿，有的人只是穿短袖衬衫，甚至有人干脆赤膊上阵。类似这样的违章现象，只要有一人没有被及时有效制止，接着就有第二个人效仿，甚至引来一群人的盲从，最后安全监督人员想纠正、想处罚也感到十分头痛了，因为这里还有一个"法不责众"。如果你抓典型，或是杀一儆百，那么这些受处罚的人就会没完没了跟你理论，还有人会说你们安全监督员喜欢"柿子总捡软的捏"。可想而知，从众心理害处不小！在这些从众心理的支配下，一些人总以为祸端不会降临到自己头上，所以才出现"别人违章我也走捷径"的情形。然而，这样一来，安全隐患就出来了。

因此，我们要避免从众心理，增强自我安全责任意识，增强安全大局意识，凡事都要为自己安全着想。只有时时处处小心，才能平安。

◎ 6. 预防好奇心理，不要违规冒险

好奇心人皆有之，是对外界新异刺激的一种反应。好奇心是人类最大的弱点。一位心理专家说过，人的好奇心会让人致命。这在安全工作中最为明显。英国谚语说，好奇害死猫。西方传说猫有九条命，怎么都不会死去，而最后恰恰是死于自己的好奇心，可见好奇心有时是多么可怕。

> 让安全成为一种习惯

☆☆

动物界里有一个例子。猎豹突然袭击羚羊,羚羊被惊吓跑了之后,会因为好奇刚才是什么动物来袭击自己,而悄悄地返回来探看。猎豹熟悉羚羊这个特点,会在原来的地方伏击,最后杀死羚羊。

☆☆

有些时候,好奇心会导致发生自己无法控制的意外局面,造成难以预估的严重后果,所以还是应该加强自我约束,尽快克服掉为好!通常情况下,人们只在自己专注和喜欢的领域里有很强的好奇心,这是学识的基础和兴趣使然。在自己专注的领域里有好奇心,是进步和成长过程中的必需,是好事,没有什么坏处。而在不是自己专注和有意义的事情上的好奇心,则是一种多事和肤浅的表现。

比如生产工作过程中,当运用一些新设备、新装备等平日难得一见的设备时,出于好奇心理(严格讲是一种求知欲望),作业人员往往会自己动手实践一番。由于行为者对设备情况不熟悉、不了解,在这种情况下,极容易发生意外事故。例如,在一次架空管道阀门的检修过程中,由于是新阀门第一次解体检修,几个职工一起爬上脚手架,围在阀门旁边观看。这时脚手架已超出负重,出现变形。幸好被安全员及时发现,防止了一起人员坠落伤亡的事故。好奇心特别强的员工,总是这碰碰那摸摸的,什么都要去尝试尝试,就容易发生事故。对此我们要重视。

☆☆

某水电工程局拆除塔吊作业时发生人身事故,死亡2人。该水电工程局承建某电厂主厂房工程,4月1日工程完工。根据工程施工进度安排,该水电工程局下属的设备(材料)租赁公司承接了主厂房施工用的轨道式塔机拆除任务。4月9日拆除小组进场,并将塔机拆除作业指导书报项目部,项目部整理形成《××塔式起重机拆除作业指导书》,经内部审批后报

第二章 消除不良心理，别让情绪问题影响安全

监理和业主，并得到监理的电话许可。4月10日，项目部和拆除小组负责人在现场对作业人员进行了技术交底，填写了安全施工作业票。4月11日开始拆除作业，至12日上午10时左右，共拆除标准节11节，塔吊剩余的下部3节标准节和基础节（塔身高约12米）以及塔吊的起重臂和平衡臂需汽车吊配合拆除。

在拆除起重臂作业过程中，现场作业技术负责人机长陈某某指挥作业人员，违反指导书拆除顺序，提前拆除了塔机爬升架与下支座的连接螺栓。起重臂端部两名作业人员在完成作业乘坐起重臂小车回退过程中，塔机起重臂与平衡臂失衡，平衡臂下沉，起重臂上翘，塔机下支座与塔身标准节的连接螺栓被拔出、弯折并剪断，塔机下支座以上部件从塔顶滑落，起重臂上的两名作业人员随起重臂坠落地面，送医院抢救无效死亡；塔机驾驶员被甩出驾驶室受轻伤。

造成此次事故的主要原因是现场作业人员违章指挥，冒险作业提前拆除爬升架与下支座的连接螺栓，由于塔机空载时平衡臂与起重臂两边重量不平衡，在配重块和起重臂小车变幅共同作用下，塔机起重臂和平衡臂失衡，导致下支座以上部分坠落。

☆☆☆

不顾实际的冒险，实际上是一种违反安全规程，不顾客观规律，不讲科学态度，随心所欲的蛮干行为，常常造成严重恶果。因此，我们在安全工作上要懂得自律。在安全工作中，我们要勇于对冒险违章说"不"，遵守规章制度，不违章操作，珍惜生命。

总之，在安全工作中，过于好奇是重要的事故隐患，它具有极大的隐蔽性，往往被工作人员忽视，如不加以纠正，可能会造成工作人员思想麻痹和判断失误，最终产生极大的危害。

7. 调适自我，心情愉快才能保障安全

心理学家研究发现，情绪和工作状态紧密相关。情绪是影响行为的重要因素，不良的情绪状态是引发事故的重要原因。情绪变化主要由应激事件对心理影响产生，诸如家庭暴力、离婚、家庭成员患重病或死亡、子女就业困难、家庭不和睦、操心日常开支、本人患病、人际关系出现问题等。这些不良情绪会给安全生产带来隐患。

一名青年工人因家庭问题与兄嫂闹纠纷，被哥哥打了两耳光，他一气之下拿了根绳子欲寻短见，被老母苦苦劝阻。但是，这种消极的情绪却并没有消退，他万念俱灰，上班时也意志消沉，心不在焉。不久，这名工人在一次作业中发生了事故而丧生。与此相反，还有一名青年职工，父母双亡，工资很低，本人又患病，情绪非常低沉。他常常对人说："不如死了清心。"他上班经常迟到早退，违章作业不断发生。企业发现了他的情绪不好，就经常派人找他谈心，发给他困难补助，并送他疗养，病好后又帮他找到对象。从此，他积极工作，严格执行规章制度，在一年的工作中连续防止了两起重大事故的发生，受到单位表扬和奖励。

我们从上述实例可以清楚地看出，情绪对安全行为的作用和影响有多大。在工作时只有情绪稳定、心态平和，才会做到头脑冷静、行为科学，安全生产才能有序推进。在现实的生活里，我们很容易发现一个人的情绪和安全生产有着密切的关系。如果他情绪稳定、心气平和，就会

认真工作，细致干事，平平安安。如果他情绪浮躁、心绪不宁，工作起来就会手忙脚乱，甚至导致安全事故的发生。可见，好情绪和坏情绪带来的行为后果是完全不一样的。好的心情能确保员工生产行为合乎标准，安全生产。相反，坏的心情会导致神情恍惚、心烦气躁，生产操作行为随意，极易发生误操作，酿成安全事故。所以，员工的情绪不可小觑。我们要善于调适心理，以快乐的心情投入生产，愉快工作，安全生产。

刚子本科毕业后就被分到了一家国有企业，然而国有企业不太变通的制度却让刚子觉得自己的才能就这样被埋没了。因此，刚工作不久的他就常常唉声叹气、抱怨连连，此时的工作已经不再是悠闲的享受，而成为了一种煎熬。

这种情况维持了几个月，之后刚子上班的脚步开始变得轻快起来。起因是一次周末爬完3000多米的高山后，刚子从进入办公室开始，逢人便说自己爬山的经历多么有趣，沿途的风景有多么美妙，登峰一刹那的快感有多么让他怀念。然而，让他沮丧的是，现在他又置身在了办公室中，觉得无趣的他跌坐在椅子上："哎，又该上班了。"看到刚子这个表情，同办公室的同事问道："爬山和上班，哪个更耗体力？""当然是爬山了，我脚也磨破了，腰到现在还是酸的呢。"这位同事紧接着又问道："为什么爬山那么累，你还能那么兴奋，而面对轻闲的工作却总唉声叹气？何不把工作也当成爬山，工作中的变化就是爬山途中美丽风景的变换，而每完成一项工作时你岂不是都能体会到登顶时的快感。"自此，刚子似乎心领神会，每天都能从工作中找到乐趣，并且乐在其中。

快乐心情是做好工作的关键，是远离抑郁的秘诀。人在心情不好的时候，会不自觉地把坏情绪抱得更紧。关门不跟人说话，嘟着嘴生闷

让安全成为一种习惯

气,锁着眉头胡思乱想,结果心情更坏、更难过。所以,我们想从抑郁的死胡同中走出来,就得寻找快乐的好心情。世界上没有一份工作是时刻充满趣味的,任何工作干久了都会让人感到厌烦。其实,这不是工作本身的错,而是我们自己缺乏战胜这种枯燥、乏味的思想和方法,同时也是工作态度不够端正的原因。一个员工对待工作的精神状态,往往决定了他日后事业成就的高低。人生不过百年,哭也是一天,笑也是一天,请问你选择什么?

☆☆☆

有位外线电工,一上班就板着脸,一声不吭,好像谁欠他钱似的。班长好心劝他:"是不是生病了?要是生病了,就休息一下,不要到线上去了。"可他眼睛一瞪:"谁说我生病了?你才有病呢!"狗咬吕洞宾,不识好人心,班长就不再说什么了。其他人看这人跟班长还要横,就没人再自找没趣了。结果在爬电线杆时,他没有系好安全带,从电线杆上摔了下来。同事们把他送到医院后,班长给他妻子打电话,刚说"你丈夫住院了",电话里立刻传来一个火气很大的女人声音:"他是死是活和我没关系!"然后,就把电话挂断了。众人都在诧异,这女人怎么这样说话?这个时候,班长的手机响了,是那个女人打来的:"我丈夫真出事了吗?是不是他让你们骗我的?"班长告诉她,她丈夫是在登杆时摔伤了,刚送到医院。"怎么会?都怪我啊!"电话里传来女人的哭声。

☆☆☆

现在很多企业的施工现场、厂区门口,都会有这样的标语,"高高兴兴上班来,平平安安回家去"。为了您和家人的幸福,请您注意安全。这类标语体现了企业对员工的人文关怀,让人看了感觉心里暖洋洋的。高高兴兴上班来,从哪上班来?从家里来。平平安安回家去,从哪回家去?从岗位回家去。然而,大家对岗位的安全相对重视,对家里的隐患却容易忽略。要知道,员工家里隐患不排除,怎么可能高高兴兴上

第二章 消除不良心理，别让情绪问题影响安全

班来?！高高兴兴，是一种心情愉悦的精神状态。员工心情愉快，才会快乐工作，才会精力旺盛，才会安全生产。如果心情不好，情绪恶劣，不仅自己容易走神，注意力不集中，还会造成情绪污染，影响同事的心情，破坏整体的安全生产气氛。所以，我们要学会控制自己的不良情绪，保持自己的好心情，带着愉快、乐观、积极的心态来上班，才能真正做到"高高兴兴上班来，平平安安回家去"。

第三章

重视安全培训,掌握扎实的安全工作技能

安全习惯的培养需要过人的专业技能。员工只有接受安全生产教育和培训,掌握本职工作所需的安全生产知识,提高安全生产技能,增强事故处理预防和应急处理能力,才能够提高安全生产意识和自我保护能力,具备良好的安全素养,养成"我懂安全""我要安全"和"我能安全"的好习惯。

> 让安全成为一种习惯

1. 做好三级安全教育，护航岗位安全

安全生产教育是安全生产的一项十分重要的基础性工作，是贯彻落实"安全第一、预防为主、综合治理"方针的具体体现，是建立安全生产管理长效机制的一项重要举措，是切实提高各企业、项目施工单位从业人员安全意识和安全操作技能的重要手段，是搞好安全生产的治本之策。

我国的安全生产教育制度明确规定：新员工在进入工作岗位之前，必须由厂部、车间和班组进行"三级"安全教育，使其掌握必要的安全知识，了解工厂、车间、岗位的安全制度、安全要求等。

厂部安全教育的主要内容有：

①讲解劳动保护的意义、任务、内容和其重要性，使新入厂的职工树立起"安全第一"和"安全生产人人有责"的思想。

②介绍企业的安全概况，包括企业安全工作发展史，企业生产特点，工厂设备分布情况（重点介绍接近要害部位、特殊设备的注意事项），工厂安全生产的组织。

③介绍国务院颁发的《全国职工守则》和企业职工奖惩条例以及企业内设置的各种警告标志和信号装置等。

④介绍企业典型事故案例和教训，抢险、救灾、救人常识以及工伤事故报告程序等。

车间安全教育的主要内容有：

①介绍车间的概况。如车间生产的产品、工艺流程及其特

第三章 重视安全培训，掌握扎实的安全工作技能

点，车间人员结构、安全生产组织状况及活动情况，车间危险区域、有毒有害工种情况，车间劳动保护方面的规章制度和对劳动保护用品的穿戴要求和注意事项，车间事故多发部位、原因、有什么特殊规定和安全要求。

②介绍车间常见事故和对典型事故案例的剖析等。

③介绍车间安全生产中的好人好事，车间文明生产方面的具体做法和要求等。

班组安全教育的主要内容有：

①本班组的生产特点、作业环境、危险区域、设备状况、消防设施等。重点介绍高温、高压、易燃易爆、有毒有害、腐蚀、高空作业等方面可能导致发生事故的危险因素，交代本班组容易出事故的部位和进行典型事故案例的剖析。

②讲解本工种的安全操作规程和岗位责任，重点讲思想上应时刻重视安全生产，自觉遵守安全操作规程，不违章作业；爱护和正确使用机器设备和工具；介绍各种安全活动以及作业环境的安全检查和交接班制度。告诉新工人出了事故或发现了事故隐患，应及时报告领导，采取措施。

③讲解如何正确使用、爱护劳动保护用品和文明生产的要求。要强调机床转动时不准戴手套操作，高速切削时要戴保护眼镜，女工进入车间戴好工帽，进入施工现场和登高作业时，必须戴好安全帽、系好安全带，工作场地要整洁，道路要畅通，物件堆放要整齐等。

④实行安全操作示范。组织重视安全、技术熟练、富有经验的老工人进行安全操作示范，边示范、边讲解，重点讲安全操作要领，说明怎样操作是危险的，怎样操作是安全的，不遵守操作规程将会造成的严重后果有哪些。

开展三级安全教育应按下列程序进行：新职工到人事部门一报到，

让安全成为一种习惯

人事部门就应通知其到安全部门接受厂级安全教育，经教育考核合格后填写教育卡片，人事部门根据教育卡片开出分配调令到二级单位，二级单位再对其进行分厂（车间）级教育，经考核合格后填写教育卡片，该职工再携卡被分配到班组接受班组教育，考核合格后再填写教育卡片，而后分配到岗位学习，三级安全教育就应严格遵守这样的程序。

　　河南省某化工公司在生产过程中，3台电炉都进入了正常生产状态。值班电工张某在巡岗检查时发现，距地面2.5米高处的2号电炉高压室35千伏电流互感器上有异常声音。张某从高压室返回后便将此情况向班长黄某做了汇报，班长黄某听后没有作任何安排，便自己一人拿了手套去2号电炉，张某随即也跟了出去。黄某经过变压器房时只是顺便停了变压器排风扇，就径直走向高压室，爬上支撑互感器的铁架第二层（距地面1.7米），左手抓在支架的顶层角铁上，然后贸然用右手试探互感器。因室内光线较暗，黄某叫张某把灯拉开，张某转身开灯时，忽然听到黄某的叫喊声，张某发现黄某已被吸上了35千伏互感器铝排并产生了弧光。张某见状急喊该电炉配电工停电，配电工听到喊声后立即停了电，此时黄某才从支架上坠落下来，着地时头部撞在墙角一水泥盖板上，造成摔伤，现场人员急忙将黄某送往医院。经检查，发现黄某的右手背及双脚有被电击的伤痕，伤势较重，所幸无生命危险。

　　黄某的这次事故，就是缺乏安全教育造成的，黄某贸然用右手试探互感器，缺乏安全意识。张某在发现险情时，不知如何处理，贸然断电，使黄某从支架上坠落，这些都是因为企业没有对员工进行有效的安全教育和培训。因此，加强对职工的教育和培训，提高他们对安全生产工作重要性的认识，提高自我保护意识，已经成为促进安全生产形势好转的当务之急。

第三章 重视安全培训，掌握扎实的安全工作技能

随着社会主义市场经济的建立，企业用工制度在悄然地发生着变化，合同工、聘用工、临时工、钟点工等各种不同的用工形式，给劳动者带来了广泛的就业机会和施展个人能力的空间。由于一些员工忽视上岗前的教育与培训，使得"新职工事故多"的情况日益突出，有的甚至发生了特大事故。因此，上岗前学好"三级"安全教育对预防和减少事故的发生有着重要的现实意义。

❂ 2. 掌握安全知识，提高避险能力

在工作中，发生事故往往是缺乏安全知识导致的。员工提高安全知识和技能既是保障企业安全的需要，也是保障自身安全的需要。员工认真学习安全知识，进行岗前培训与在岗培训是提高技能水平的一个重要环节。通过学习和培训，员工的素质会得到很大的提高，特别是员工的安全素质得到了强化。知识增加了，专业技能提升了，自然也就增强了安全能力。只有这样，才能养成好的安全习惯。

☆☆☆

某市的一石油化工厂着火，所幸火势不大，没有造成人员伤亡。原来当晚李某值夜班，正在给单井高架火烧罐炉膛内加煤时，突然发现原油罐顶闸门有一团明火。李某立即提着灭火器向罐顶冲去，并一边高喊"着火了"。当李某把灭火器提到罐顶时，却发现自己并不会操作它，于是冲向附近队部请求支援。队部的一位工友听到李某的喊声急忙打开灭火器进行灭火，可仍不能把火完全灭掉。闻声赶来的队干部说，这是电热带起火，必须首先关掉电源。火终于被扑灭了，虽然没有造成

让安全成为一种习惯

大的损失，但仍给我们一个教训：没有安全知识就无法提高避险能力。

☆☆☆

安全知识是安全行为及安全技能的基础和保障，如果没有安全知识，我们就不能清楚地知道什么是安全，什么是危险。因此，每个人都需要不断地补充自己的安全知识，将安全工作做好。员工只有知道什么是安全，才能做到安全。员工作为安全行为的主体，是生产力诸要素中最活跃并起决定作用的要素。通过教育、宣传、引导、奖惩、创建群体氛围等手段，不断提高企业职工的安全修养，改进其自我保护的安全意识和行为，才能养成安全好习惯。否则，淡薄的安全知识，会酿成浓烈的事故苦酒。

☆☆☆

某重型机械厂工楚某因急用氧气，在没有征得领导同意的情况下临时让装配工王某、赵某去充氧站拉了一车氧气瓶，在厂门口卸车时，门卫喊赵某去接电话。在赵某去接电话时，王某等不及便自己卸车，可是由于他一个人很难把氧气瓶搬下来，于是王某就用脚将瓶罐蹬到车厢边，然后就把氧气瓶抛到地上。可是当王某在抛落第三个氧气瓶的时候，氧气瓶突然发生爆炸，王某当场被炸身亡。

☆☆☆

就如案例中的王某，如果他多学习一些安全知识，相信绝不会发生这起事故。我们知道如果装满氧气的钢瓶内气压达到一定的数值，并且由于各种原因导致温度较高的话，就可能发生爆炸。装配工王某根本就不懂装卸技术，也不知道装卸氧气瓶的知识。在一个人的情况下，为了图省事，就采用脚蹬、手抛的办法卸载氧气瓶。钢瓶被从1米的高处抛落撞击地面，遭受突发震荡，瓶内氧气产生瞬间超压而导致爆炸。可见，如果不学好安全知识，危险就会像影子一样紧跟着我们，随时对我们发动攻击。

一家针织品厂原料仓库发生火灾，消防队及时赶到，迅速投入扑救。可是半小时过去了，消防车拉来 50 立方米的水仍未将大火扑灭。当看到附近有只烧开水的大锅炉时，消防队员突然灵机一动，立即改变了灭火作战方案，把大量的热水浇到熊熊燃烧的火焰上。奇迹出现了，仅仅 9 分钟火焰开始降低，直到渐渐熄灭。

有人会迷惑不解，难道灭火也要分冷水和热水吗？其实，这里有科学道理。大家知道，灭火的常用方法无非是冷却法、窒息法、隔离法、抑制法四种。为什么热水灭火的效果要比冷水强呢？重点是热水喷洒在燃烧物上，不仅能够起到冷却作用，而且燃烧物周围很快会被一团团蒸汽所笼罩，使四周氧气减少。大火一旦缺氧，火势必然受到控制，这些蒸汽层起到大面积窒息作用，从而使火势由强而弱最终达到灭火除灾的效果。

有关资料显示，如果将 1 千克冷水喷洒在燃烧物上，灭火面积有效值再好也只有 0.1 平方米。但是，用 1 千克水蒸气则可以使 5 立方米的空气中含蒸汽 35% 以上，含氧 14% 以下。当空气中蒸汽达 35% 以上，或者空气中氧含量降至 17%，燃烧即告停止，也就是说再大的火也要被扑灭，可见用热水灭火的效果要比冷水强得多。研究表明，开水的灭火效果要比热水高 5 倍，比冷水效果高 10 倍以上。在灭火实践中，1 升热水每秒钟所起的作用相当于 20~30 升的冷水。假如用开水灭火，5 名消防队员就可完成数十名消防队员的工作量，事半而功倍。

安全知识对于安全非常重要。有的员工不懂安全知识，也不愿学习安全知识，只凭自己的想象和意气行事，结果酿成惨祸。因愚昧而导致的安全事故比比皆是，等到他们明白时，已经付出了血的代价。为此，我们一定要掌握相关的安全知识。安全知识越丰富，安全越有保障。

3. 锤炼专业技能，练就安全"硬功夫"

要确保安全，做好安全生产工作，不仅要掌握安全知识，更要增强安全生产技能，练就安全"硬功夫"。如果只有安全知识，但安全生产技能不熟练，也难免会出事故。所以员工要想确保安全，还要牢固掌握安全生产技能，提高安全生产水平。那么，什么是安全生产技能呢？安全生产技能是指人们安全完成作业的技巧和能力。它包括作业技能、熟练掌握作业安全装置设施的技能，以及在应急情况下，进行妥善处理的技能。

安全技能是人的全部行为的一部分，它受意识的控制较少，并且随时都可以转化为有意识的行为。技能达到一定的熟练程度后，就具有了高度的自动化和精确性，成为技巧。达到熟练技巧时，人员可以条件反射式地行动。

在日常安全工作中安全技能是要通过训练才能实现的，这就要求企业在员工上岗前进行专门的培训，并且要定期对员工的生产技能进行培训，加强学习，使员工的安全生产技能不断更新，达到安全生产要求，要使员工熟练掌握安全生产技能，确保岗位安全。

深圳A船厂和大连B船舶公司签订合同，由B船舶公司承揽17.6万吨散货轮总组搭载船舶工程制造工作。这天上午8点左右，B船舶公司焊工带班长李某安排王某、周某（两人

第三章 重视安全培训,掌握扎实的安全工作技能

无特种作业操作证)、申某到甲船厂结构工程事业部三角舱内进行焊接作业,周某、王某一组,二人将二氧化碳气体保护焊及电缆线、焊线、二氧化碳气管等拉到三角舱(上有970毫米×770毫米人孔及1200毫米×800毫米控补口的半封闭舱室)人孔下深1米的跳板上,王某接上电缆线,发现焊机不能正常工作,就喊周某调试。周某检查后将电缆线中一根断的电线连接好,并让王某将原扎着的二氧化碳气管打开连接到焊枪上(二氧化碳气管未经电磁阀),调试后正常。王某便拿着焊机下跳板到三角舱深处准备焊接筋板,周某出舱孔到50多米远的地面拉自己用的焊机电缆线、二氧化碳气管等。上午8时20分左右,当周某返回三角舱时,发现王某趴在三角舱内,后经医务人员诊断王某已中毒死亡。

经调查,事故原因是作业人员进入三角舱作业过程中,焊枪上二氧化碳气管脱落致使三角舱内二氧化碳浓度升高,导致王某中毒死亡。作业人员无特种作业操作证从事电焊作业,缺少必要安全操作技能,安全意识薄弱是导致本次事故的重要原因。

☆☆☆

提高安全技能既是保证企业安全的需要,也是保证自己安全的需要,王某因为没有特种作业操作证,缺少必要的安全操作技能,不仅给企业带来损失,还赔上了自己的生命。安全问题归根到底是人的问题,而人的问题又在于人的安全意识、安全知识以及操作技能,三项必不可少。安全意识必须要强,但是安全意识再强,没有安全知识,安全就是盲目的,有了安全知识,技能操作跟不上,只能面对问题"干着急",心有余而力不足,最后还是容易酿成大祸。所以,员工必须牢固掌握安全生产技能,只有这样才能养成好习惯,保证岗位安全。

☆☆☆

有人在浙江省一个中等规模的工业城镇做过调查,这个镇

上的人口有七十多万，并且人群构成主要以产业工人为主。在这个庞大的人群中，日常工作经常发生很多事故，其中最为典型的就是手部受伤，因事故造成的残疾人数的数字非常庞大。

据《南方农村报》报道，员工在珠三角地区打工造成断指等手外伤事故的数量异常庞大，被称为"断指现象"。断指现象带来了"断指经济"——手外科医院的繁荣，工伤事故与医院数量成正比。这只是一个地区人体上的一个部位受伤的情况。我们可以想象，全国伤残人员的数量该是多么的庞大。

由此也可见安全技能直接关系着岗位的安全，提高安全技能既是保证企业安全的需要，也是保证自己安全的需要。做好安全生产工作需要切实提高安全技能。

为了自己的安全，为了别人的安全，为了大家的安全，每一个员工都要努力学习安全知识，掌握安全技能。每一个员工的岗位不同，对于安全的要求也不同，需要掌握的安全技能也不同。汽车司机要有交通安全意识和基本行车安全技能；矿山工人要有矿山安全采掘的安全技能；化工人员要有防火、防爆、防伤害的安全意识和化学合成的安全技能……各行各业的员工对于安全技能的要求各有不同，但有一点是共同的，那就是没有扎实的安全技能，是不可能做到"我能安全"的，也不可能在工作中保护自己也保护别人的生命安全。

下面介绍几种岗位安全技能知识，供大家学习参考。

(1) 办公室岗位安全技能

通常人们都认为办公室和家里是最安全的地方。其实，在这些地方，也有一些潜在的危险。了解潜在的隐患，消除不安全因素，就能将在办公室工作的危险性降到最低。办公室应防范的不安全因素主要有以下方面。

①办公区域过于拥挤;

②办公设备摆放不当;

③档案柜、垃圾筒阻拦了通道;

④电脑放置过于密集;

⑤办公设备和桌角突出的尖角;

⑥楼梯的扶栏失修;

⑦地板打滑;

⑧档案柜上堆放的杂物过多,有倾倒下来的危险;

⑨有些员工站在转椅上取东西;

⑩在不会操作和没有指导的情况下使用不熟悉的设备;

⑪电线和电话线拖在地上,而没有埋入地毯内;

⑫电磁炉和其他电器过多,致使电路负荷过重;

⑬不彻底的绝缘;

⑭保险丝过细;

⑮天花板上的灯具不牢固;

⑯对于已发现的危险隐患不够重视。

(2) 电工岗位安全技能

①电气作业人员对安全必须高度负责,应认真贯彻执行有关各项安全操作规程,安全技术措施必须落实。安装电气设备必须符合绝缘和隔离要求,拆除电气设备要彻底干净。对电气设备金属外壳一定要有效接地。电气作业人员要正确使用绝缘的手套、鞋、垫、夹钳、杆和验电笔等安全防护品与工具。

②加强全员的防触电事故教育,提高全员防触电意识;健全安全用电制度;严禁无证人员从事电工作业;使用电气设备要严格执行安全规程。

③针对发生触电事故高峰值带有季节性的特点做好防范工作。据有关资料表明,6月、7月、8月、9月发生的触电事故占全年发生数的大

部分，因此在高温多雨季节到来以前，要全面组织好电气设备安全检查，对流动式电动工具要列入重点检查。此外，也要做好日常对电气设备的保养、检查工作。

(3) 切削加工岗位安全技能

①操作者在上岗之前，应通过专门培训，取得相关设备操作证书。

②操作者在上岗之时，应首先熟悉机床特点，熟悉机床安全操作规程，掌握安全技术并接受专业人员的安全操作检查。

③检查机床安全防护装置，机床的危险部分是否有设计合理、安装可靠和不影响操作的防护装置（如防护罩、防护挡板和防护栏等），是否有松动或脱落等现象。如发现安全防护装置存在问题，应立即组织人员检修，经检验合格后方能启动机器；如发现有松动或脱落现象，应紧固设备、夹具、工件，保持设备处于安全状态，保持工件固定可靠。

④检查机床上的安全保险装置，如超负荷保险装置、行程保险装置、顺序动作连锁装置和制动装置，装置是否齐全，功能是否正常有效。

⑤在切削加工过程中发现有异样，如有异响，有异味，有冒烟、冒火情况，有失控现象，应立即停止操作，对设备进行检修。检修应在切断电源后才能进行。

⑥检查生产现场是否有足够的照明，照明能否看清设备和工件的各个部位。

⑦对噪声超过国家规定标准的机床，应查明原因，并采取降低噪声的措施。

(4) 焊接工的岗位安全技能

①在氧气瓶嘴上安装减压器之前，应用口吹除瓶嘴尘渣，以防尘渣堵塞瓶嘴。严禁使用未装减压器的气瓶。

②乙炔瓶和氧气瓶嘴部及开瓶扳手上均不得沾有油脂，以免油脂吸附灰尘，堵塞瓶嘴。

③乙炔瓶和氧气瓶均应距明火 10 米以上距离放置；乙炔瓶与氧气瓶之间也应保持 7 米以上的安全距离。

④乙炔瓶与焊炬之间应装有可靠的回火防止器。

⑤乙炔瓶与氧气瓶均应放置在空气流通的地方，但不得将它们放置于烈日下暴晒，也不得靠近火源及其他热源地方放置，以免受热膨胀，发生气瓶爆炸事故。

⑥使用焊（割）炬前，必须检查焊（割）炬喷射情况，查看是否通畅，能否正常使用。操作时，应先开启焊（割）炬的氧气阀，待氧气喷出后，再开启乙炔阀。同时，用手检验乙炔接口处，看是否有吸引手指的感觉，如有吸力，说明乙炔管道通畅，这时可以将乙炔胶管接于焊（割）炬接口上。

⑦如在通风不良的地点或在容器内作业时，应先在外面给焊（割）炬点火。

⑧点火时应先开少许乙炔气，待点燃后迅速调节氧气和乙炔气的气量，并按工作需要选取火焰。停火时应先关闭乙炔气，再关闭氧气，以防引起回火和产生烟灰。

⑨在易燃易爆生产区域内动火，应按规定办理动火审批手续。

⑩气焊和电焊在同一地点作业时，氧气瓶应垫上绝缘物，以防止气瓶电。

从事手工电弧焊作业，应掌握以下安全技能：

①在下雨、下雪时，不得进行露天施焊，以免发生触电事故。

②在高处作业前，应检查焊接地点下面是否有易燃易爆物品，以防掉落的火花引燃引爆物品；作业时应系好安全带，以免坠落。

③不要将焊接电缆放在电焊机上。

④横跨道路的焊接电缆必须装在铁管内，以防止电缆被压破漏电。

⑤施焊前，应先检查周围，查看是否有易燃易爆物品。

⑥严禁将焊接电缆与气焊用胶管混缠在一起。

⑦二次电缆不宜过长，一般应根据工作时的具体情况而定。焊接电缆截面积和允许焊接电流值应相互匹配。

⑧在施焊过程中，当电焊机发生故障需要检查修理时，必须先切断电源，再进行修理。禁止在通电情况下用手触动电焊机的任何部分，以免发生事故。

⑨在船舱内焊接作业时，应采取通风措施，应由两个人轮换操作。

⑩在容器内焊接作业时，应使用胶皮绝缘防护用具，附近应安装一个电源开关，由监护人员专门看管和监护。监护人员要听从焊接操作人员指示，根据指示随时通断电源。

⑪在焊接作业时，不可将工件拿在手中或用手扶着工件进行焊接。

⑫连续焊接超过一个小时后，应检查焊机电缆温度。如温度达到80℃，必须切断电源，让焊机及电缆冷却下来。

（5）冶炼工的岗位安全技能

①冶炼作业人员必须掌握生产技术，熟悉操作规程，严格按工艺流程去操作。

②加强冶炼原料的管理和挑选工作，严防爆炸品、密封容器等物品混入原料并进入炉内。

③定期检查冷却系统，保持系统畅通，控制好冷却水压和水量，以防止水冷却系统强度不够造成钢板烧穿，导致钢水遇水爆炸。

④严格执行热风炉工作制度，防止由于换炉事故造成热风炉爆炸；严格执行从补炉、装炉、熔炼到出钢整个过程的操作规程，避免由于操作不当造成熔炼过程中的喷溅、爆炸事故。

⑤出钢时，要事先对铁钩、铁水罐、钢水包、地坑和钢锭模进行加热干燥，防止因潮湿引起爆炸事故。

⑥作业人员要穿戴专用鞋、专用手套、工作服和安全帽，以避免身体与高温工件或工具直接接触。

⑦预防中毒。有效地预防废气中毒的办法是加强生产现场的通风，

及时排出废气；做好废气浓度的监测工作，及时报告废气中一氧化碳浓度，提示人们采取有效措施；做好个人防护工作，戴好呼吸防护用品。

(6) 锻造岗位安全技能

①锻造作业人员必须经过专门培训，经考核合格并取得上岗证后，方能独立从事锻造作业。否则，这些锻造人员不得单独操作锻压设备和加热设备。

②锻造作业人员应掌握一定的锻压设备保养知识，应定期保养设备，使设备处于完好状态。

③锻压设备运转部分，如带轮、传动带、齿轮等部位，均应设置安全防护罩；水压机应装设安全阀、自动停车装置和启动装置；蓄压器、导管和水压缸应有独立的压力表；动力稳压器应装有安全阀。

④操作人员应熟悉操作规程并严格执行，以防煤气中毒、灼伤、烤伤和电炉触电等事故发生。

⑤操作人员在开始工作前应穿戴好个人防护用品，以减少辐射热以及灼热的金属料头和飞出的金属氧化皮对人体的伤害。

⑥在锻造作业中，操作人员应集中精力、相互配合；要注意选择安全操作位置，躲开作业危险方向（如切料时，身体要避开料头飞出方向）；握钳和站立姿势要正确，钳把不能正对或抵住腹部；司锤人员要按掌钳人员的指令准确司锤；锤击时，第一锤要轻打，等工具和锻件接触稳定后方可重击；锻件过冷或过薄、未放在锤中心、未放稳或有其他危险时均不得锤击，以免损坏设备模具和震伤手臂，避免锻件飞出，造成伤人事故；严禁擅自落锤和打空锤；不准用手或脚去清除砧面上的氧化皮，不准用手去触摸锻件；烧红的坯料和锻好的锻件不准乱扔，以免烫伤别人。

4. 学习先进安全技术，减少灾害损失

安全技术是指在生产过程中为防止各种伤害，以及火灾、爆炸等事故，为员工提供安全、良好的劳动条件而采取的各种技术措施。安全技术措施的目的是，通过改进安全设备、作业环境或操作方法，将危险作业改进为安全作业、将笨重劳动改进为轻便劳动、将手工操作改进为机械操作。很显然，如果一个岗位人员不懂得相应岗位使用设备的安全规程，就像一个不懂设备的人操作设备一样，是相当危险的，也是发生事故的直接原因之一。

同样，对于安全管理人员不懂得安全技术，不知道各行业的安全技术标准，其危害程度也是相当严重的。因为一个企业的安全管理人员是有限的，他们是负责整个企业隐患检查和整改的重要工程技术人员。如果对企业内部的各种设备、设施及场所的安全规程不了解，他们就不可能发现隐患，更谈不上去整改，这样隐患就可能扩大，甚至酿成事故。这些方面的事故案例在实际工作中也是经常发生的。比如某些个体小煤矿的安全技术人员，根本不知道煤矿的安全操作技术，当工作人员发现问题时，他们也不予以重视，更不会向矿主提出整改意见，最终酿成瓦斯爆炸、矿井倒塌的恶性事故，给企业和社会造成严重的危害。

安全技术是预防事故、减轻事故危害的实用技术，是安全科学在实践中的具体应用。安全技术主要包括以下四个方面。

第一，分析造成各种事故的原因；

第二，研究防止各种事故的办法；

第三，提高设备的安全性；

第三章 重视安全培训，掌握扎实的安全工作技能

第四，研讨新技术、新工艺、新设备的安全措施。

古人云：授之以鱼，不如授之以渔。先进安全技术的推行，最重要的是教会员工保证安全、实现安全的本领。学习先进安全技术，为企业进一步加强职工安全意识管理提供了有效途径，为企业进一步规范职工安全行为提供了有效载体，使企业对"人"的安全管理真正落到了实处，使"人"在安全生产中的主导作用真正得到了发挥。比如，在我国煤矿行业引进的"手指口述"安全确认法就是这样的安全技术。

☆☆☆

"手指口述"法源自日本的"零事故战役"。日本在经济高速发展的同时，工作现场的死亡人数也逐年增加，1961年最高峰时，当年工作现场死亡人数达到6700多人。为了有效遏制这种局面，日本自1973年起开始推行"零事故战役"。这是一场旨在解决工作现场职业健康和安全问题，确保工人身心健康，实现工作现场"零事故"和"零职业病"的战役，其实施方法就是"手指口述"法，通过这一办法，日本企业事故大大减少。

"零事故战役"由3个基本单元构成：其一是基本目标，就是"尊重人的生命"，即作为每个个体，无高低贵贱之分，其生命都是无可替代的，都不应在工作中受到伤害；其二是"零事故战役"实施的方法，主要包括"危害辨识、预防和培训"及"手指口述"法（它是一种手指目标物并出声确认的方法），参加人员包括企业的工人、管理人员等，通过对工作场所风险的预先识别和确定控制措施，达到健康和安全的预期；其三为执行环节，通过全员参与，建立积极、主动、和谐的工作环境。通过危害辨识、预防和培训等方法的日常应用，使安全预防意识深入人心，在具体工作中实施并成为人们的行为习惯，最终使企业达到安全、质量和产量完美而和谐的统一。

让安全成为一种习惯

"手指口述"主要是通过简单的自我问答、自我反省,迅速集中注意力,准确预知危险源,使"人"的注意力、"环境"的安全性和"物"的可靠性达到高度统一,从而有效预防事故发生。如今"手指口述"安全确认法已经越来越成为我国煤矿工作的一项重要安全内容。

"手指口述"技术主要表现在:

第一,"手指口述"安全确认法切中了煤矿安全管理的要害。煤矿职工队伍结构复杂且人员素质偏低的现状,使煤炭企业对人的管理始终无法取得实质性的突破,大部分职工长期游离于企业的有效安全管理之外,久而久之形成了煤炭企业粗放管理的局面。

第二,"手指口述"安全确认法激活了煤矿安全管理潜能。煤矿井下作业现场线多面广,条件艰苦,职工作业地点分散,独立作业岗位偏多,这些客观因素导致煤矿安全管理很难"深到底,纵到边",煤矿安全生产长期处于一个"相对安全"的不稳定状态,稍有疏忽就会酿成事故。"手指口述"的推行,变企业管理为职工自律,激活了安全基础管理的每一个细胞,职工每执行一次"手指口述",都是一次安全警示教育,都是一次安全隐患排查,充分实现了对作业现场每一时、每一处、每一人、每一事、每一物的有效管理。

第三,"手指口述"安全确认法符合煤矿职工行为特点。"手指口述"其实就是安全作业规程的简单化和口语化,有效地将职工从安全规程的条条框框中解放了出来。"手指口述"安全确认法简洁明了,避虚就实,通俗易懂,简单易学,非常适合在煤矿职工中广泛推行,更易在工作现场引起共鸣,易于形成浓厚的安全氛围。

第三章 重视安全培训，掌握扎实的安全工作技能

安全技术与生产技术紧密相关，学习一些先进的安全技术一方面有利于企业安全生产，另一方面也有助于提高员工的安全环境。在当代，由于工业的迅猛发展，先进安全技术在许多国家已得到了迅速发展。我国虽然科学技术发展迅速，但是与国际水平相比仍然差距明显，因此，更要积极学习先进安全技术，开创安全新局面。

5. 走出安全误区，避免经验主义错误

经验主义从心理学角度是指在观察和处理问题的时候，从狭隘的个人经验出发，不是采取联系、发展、全面的观点，而是采取孤立、静止、片面的观点；在哲学上表现为形而上学的思想方法和工作作风。在安全工作中，很多人容易犯经验主义的错误，他们为了节省精力和时间，通常会在某一项工作前，利用惯性思维模式，将以往经验拿过来就用，而不是具体问题具体分析。

安全工作中凭经验做事，觉得以前就是这样做的，没事，今后这样干也准没事，将安全规程置于脑后，使安全措施流于形式，久而久之，随便盲目的工作作风就会代替扎实严谨的工作态度。对待这些安全工作上的"经验主义"现象，员工在培养安全好习惯时绝不能姑息与迁就。我们要做到发现一起查处一起，不要主观主义，不要武断，不要盲目。如此才能走出经验主义的安全误区。

伊索寓言里有这样一个故事：一头驴子帮助一个商人驮货物，第一次它驮的是盐，盐很重，到了小河边，驴子觉得这袋盐重得实在不行了，而且河边很滑，长满了青苔，驴子不小心

让安全成为一种习惯

摔了一跤，跌到了河里，它好不容易才爬了起来，这时它发现背上的盐轻了好多。商人埋怨驴子毁了好多的盐。驴子才不管呢，反正盐很轻了，它轻轻松松就到了家门口。第二天，商人又带驴子去运货，这次的货物是棉花，虽然棉花很轻，但是棉花很多，聚起来就会很重，驴子觉得没关系，到了小河边像上次一样再摔一跤就好了。到了小河边，驴子故意叫了声"哎哟"后跌倒了，商人说你今天又把棉花弄湿了，驴子想今天我要在水里多待一会儿，让货物轻一点，不然的话，货物一定轻不了多少的。谁知等驴子试图站起来时，却怎么也站不起来了，因为棉花吸了水，变得非常重，驴子"哦哦"叫了两声就被河水淹死了。

☆☆☆

分析这则故事我们不难发现这头驴犯了一个致命的错误——经验主义。对于一个人来说，有经验是好事，是资本，但是如果把经验变成经验主义就不好了。经验好，经验主义不好。经验主义就是把自己的经验教条化了，什么事情都拿过去的经验去套。事物在不断地发展，而且发展得很快，一切促成原来事物矛盾解决的条件和各种因素都随着时代变化而改变了，还照搬原来的办法去解决问题肯定是不行了，肯定要吃大亏的。

在安全工作中，经验主义也是违章操作的主要诱因。违章人员对工作中的不安全因素和各种违章行为的危害性认识不足，为了省事，偶尔违章一次也没有导致事故发生，违章人员就会产生"小河沟里难翻船"的侥幸心理。久而久之，违章行为逐渐形成"经验主义"，而这种"经验主义"又滋生侥幸心理，长此以往，灾难性的事故必然会发生，所以经验主义有时危害极大。

☆☆☆

某氮肥厂合成车间进行投料开车，上午8时20分，辅锅2号烧嘴熄火；9时10分，经分析确认辅锅炉膛内可燃气含量

第三章 重视安全培训，掌握扎实的安全工作技能

不达标；9时25分左右，转化岗位操作人员王某来到辅锅处准备重新对辅锅烧嘴进行点火；9时43分，辅锅发生闪爆事故。事故造成辅锅外墙变形，整个合成装置被迫停产7天，直接经济损失8.5万元。

事后调查认为，辅锅点火，正确的操作程序应该是先伸火把，后开燃油。王某点火时粗心大意，按经验办事，多次习惯性违章操作。以前，辅锅燃油使用柴油时，由于柴油挥发性较差，操作人员点火时先开柴油，后伸火把，从未发生闪爆事故。然而此次，燃油已改为焦化汽油，焦化汽油极易挥发，且爆炸范围较小，王某仍然按照原来的方式进行操作，于是发生了这起辅锅闪爆事故，给企业造成了巨大的损失。

☆☆☆

在工作中是一把好手，但缺乏具体问题具体对待的精神，什么问题都想着自己过去怎么做，忽略了新技术、新环境，有这种思想的人，就会犯错误。安全生产工作，容不得半点失误，一个失误，一个不认真，带来的就是血的教训。所以，工作要实现"零失误""零差错"，必须有认真细致的作风，有精益求精的态度，杜绝"经验主义"等不负责任的做法，把认真细致体现在工作的每一项任务中。

☆☆☆

曾经在报纸上看到这样一则新闻，某单位一名从事仪表维护工作接近30年的老仪表工人，常年从事敷设电缆的工作。这位老工人应该说在工作上是行家里手，多次在同行业工作比武的大赛中获得第一名。他穿电缆线又快又好，别人干一天的工作量，他半天一定能完成。别人干半天的活，他两小时就能做完。在一次工作中，这位老工人以及其他几个同志在车间敷设电缆线，被安全检查人员发现登高作业不扎安全带，老工人从线槽架上急忙下来了，嘿嘿一笑说："我这20多年，就这么过来了，也没什么事，没事儿。"安全检查人员批评了老工人

一通，嘱咐他为了家庭幸福，千万提高自我保护意识，注意施工安全。等检查人员离开以后，老工人嘟囔说："大惊小怪，再说，扎了安全带，怎么干得快？"事后，老工人仍旧我行我素，还是照样那么干。又过了一段时间，老工人在一个工业区内检修厂房的电缆桥上挂电缆时，电缆桥发生断裂，造成他高空坠落，致使右脚跟骨粉碎性骨折。

☆☆☆

分析事故原因，当事人没有扎安全带，属于违章操作行为。老师傅二十多年违章操作没发生事故，而且工作成绩还特别好，在别人教育他、纠正他的错误行为的时候，不仅没有引起他足够的重视，还以自己的过往经历当作丰富的"经验"，一味地我行我素，最终酿成了苦果。其实，在我们的工作当中又何尝不是存在老师傅的"经验主义"现象呢？所以，我们对过去的经验，只能借鉴，不能完全照搬，若那样，经验就会成为阻碍安全生产的因素。

6. 借鉴事故案例警示，常给自己提提醒

安全事故是指生产经营单位在生产经营活动（包括与生产经营有关的活动）中突然发生的，伤害人身安全和健康，或者损坏设备设施，或者造成经济损失的，导致原生产经营活动（包括与生产经营活动有关的活动）暂时中止或永远终止的意外事件。

根据生产安全事故造成的人员伤亡或者直接经济损失，事故一般分为以下等级。

第一，特别重大事故。指造成30人以上死亡，或者100人以上重

第三章 重视安全培训,掌握扎实的安全工作技能

伤(包括急性工业中毒,下同),或者 1 亿元以上直接经济损失的事故。

第二,重大事故。指造成 10 人以上 30 人以下死亡,或者 50 人以上 100 人以下重伤,或者 5000 万元以上 1 亿元以下直接经济损失的事故。

第三,较大事故。指造成 3 人以上 10 人以下死亡,或者 10 人以上 50 人以下重伤,或者 1000 万元以上 5000 万元以下直接经济损失的事故。

第四,一般事故。指造成 3 人以下死亡,或者 10 人以下重伤,或者 1000 万元以下直接经济损失的事故。

不论大事故还是小事故,一出事故,损失和伤亡就在所难免。有事故就有损失,大事故大损失,小事故小损失。只要有事故,就一定少不了损失。有些损失我们可以弥补,而有些损失却永远弥补不回来。杜绝事故,必须从根上抓起。事故的根是人的思想,是由于人的思想麻痹、责任心不强造成的。因此说,事故源于人的思想。抓好安全工作,就是要解决好人的安全教育问题。

☆☆☆

为提高职工的安全意识,确保暑运安全,某企业工务段通过多种形式的事故案例宣传教育,用职工身边亲历的事教育身边的人,使职工对"违章就是自杀、违章就是杀人"有了更深的理解。大家深刻认识到违章作业的严重危害性和搞好安全生产的极端重要性,消除了在安全方面的侥幸心理和麻痹思想。这个段将历年来发生的典型事故案例资料汇编成册,发放到每一位职工手中,以"发生在我身边的憨乎事"为主线,开展以案说法、以案学规的事故案例教育,让职工自我剖析、自查自纠。

这个段还要求各工区根据近几年来发生的典型事故,每周

让安全成为一种习惯

组织一次模拟事故案例分析会,由职工模拟当事人,分析事故中自己所犯的错误,事故发生后自己所应承担的责任,有可能受到的处理,日常作业中是否存在类似的问题,如何避免此类错误的发生,从中吸取什么教训。让职工时刻绷紧安全弦,杜绝违章蛮干,养成"上标准岗、说标准话、干标准活、交标准班"的良好习惯。通过案例警示,让员工更加重视安全。

✰✰✰

事故是安全的敌人,是损失的源头,更是伤亡最大的祸根!一次事故就是一次惨烈的伤亡,一次事故就有一次重大的损失。我们借鉴安全事故案例,可以让一幕幕惨剧重现眼帘,再次给我们敲响警钟。

一般来说,发生事故的主要原因都是工作人员未认真执行安全操作规程、不按章作业,工作负责人现场管理不到位,执行不到位。一次次事故的发生,暴露了安全管理的一系列问题——工作人员安全责任不清,现场不进行查勘,作业人员缺乏基本的安全技能。因此,在安全习惯上,我们要认真汲取每一次事故案例的教训,提醒自己注重安全。对此,员工可以做到以下几点。

(1)健全安全生产责任制

要建立健全以岗位责任制为重点的安全生产责任制,并逐级分解,具体到人,落实到生产过程中。加强安全生产的统一协调管理。

(2)建立完善的安全管理制度

建立健全安全检查制度、奖惩制度。形成安全生产的有效激励机制和约束机制;完善作业规程,并严格按规程进行现场作业,反对违章作业,加强现场检查,落实安全措施,及时整改设备及人员存在的隐患。

(3)做好职工安全教育培训

切实加强新进厂员工、转岗员工、关键岗位和危险岗位人员的安全意识、安全常识和安全技能培训,提高企业负责人、管理人员的安全管理能力,认真组织应急救援方面的培训和演练,提高广大职工防范事故的能力。

(4) 加强安全监督管理

安全监管人员要加强对操作、设备点检、设备检修等工作的监督检查，重点检查规章制度、操作规程、隐患治理、人员培训和应急预案等。

(5) 严肃事故调查处理

对于已发生的事故，有关安全生产监督管理部门要按照"四不放过"的原则，认真调查，严肃处理，跟踪检查责任人员处理和安全防范措施的落实情况。

总之，牢记安全事故带来的深刻教训才能警醒自己。我们要以事故为警示，举一反三，对照检查，落实整改措施，防止同类事故再次发生。

第四章

落实安全规章，用纪律的硬规矩约束安全

　　安全工作要遵守安全制度，规范行为，让安全成为习惯。安全工作没有什么捷径可走，唯有在安全规章制度的落实上下狠功夫、下硬功夫，将各类安全规章制度落到实处，才能根除违章违纪。只有通过安全规章制度的约束，才能防止企业安全管理的随意性，才能有效保证员工的合法权益，保障员工的生命安全。

让安全成为一种习惯

1. 遵守安全制度，别让安全"出轨"

俗话说："没有规矩，不成方圆。"遵守安全制度，是企业持续健康安全发展的重要保障。制度一旦出台，就要不折不扣地坚决贯彻执行，这是员工对企业、对家庭、对自己负责任的表现。再好的安全制度，如果贯彻执行不到位，就难以体现其存在的价值，也发挥不出其应有的效力。

☆☆☆

一日深夜23点15分，某矿三车间西方班组4号电机车正司机宋某和副司机孙某根据车间调度的安排，到4号铲从事剥岩作业。23时20分左右，4号电机车从采场去东67米剥岩场，运行途中，750伏直流电线刮坏4号电机车的正弓，电机车被迫停了下来。副司机孙某向车间调度打电话请求停电，正司机宋某趁孙某打电话之机，自作主张，在未得到车间调度许可的情况下，就戴着帆布手套拿着绝缘棒，擅自爬上电机车的棚顶，用右手拉弓子，左手撑在车顶棚边沿上。没想到宋某刚一举起绝缘棒就不慎触电，从电机车棚顶坠落到地面。副司机孙某见状，赶紧为宋某进行人工呼吸，然后打电话给车间调度，紧急将宋某送往矿医院抢救。可惜最终宋某抢救无效死亡。

☆☆☆

工作再熟悉，也要按规章制度办事，而不能凭经验、靠感觉。安全工作一旦出现问题就是事故，从每一年的安全事故情况报告我们可以发现，违规操作总是"名列前茅"，这就是员工没有落实安全制度，使安

第四章 落实安全规章，用纪律的硬规矩约束安全

全脱轨造成的。因此，工作中一定要严守规章制度，才能够避免事故的发生。只有这样养成习惯，才能保障安全。

安全制度就是职工行动的规范和准则，也是现代化生产所必需的，企业有了科学的、健全的规章制度，才能有序地、协调地完成共同的目标从而达到发展。我们知道，一个机制的完美运行，不是一个人或者几个人就能完成的，而是靠大家，靠每一个人的配合，靠所有人的合作，只有这样才能达到完美效果。安全生产就是要每一个人都必须遵守规章制度，只有这样，安全生产才有保证，一旦有一个人懈怠，就会付出沉重的代价。

曾女士晚上下班回家，搭上了一辆公交车。在她下车的时候，一场意想不到的灾难降临到她的头上。后来躺在病床上的曾女士回忆说："车到××车站时，我是稍后一点下的车。公交车共有三个阶梯，当我的脚迈到中间那个阶梯时，由于下车时身体前倾，头部有一半伸到了车门外。这时，两扇车门带着风声向我的头部挤来，当时就像惊雷击打在头部，我大叫一声，车门被打开了，我也倒在车上昏了过去。"

她没想到，在十几秒钟前，她还在公共汽车上和邻居谈笑风生，十几秒钟后，在她下车的时候，两扇原本已经打开的车门带着风声向她的头部挤来。后来她被送到了医院。医生检查结果是中度脑震荡，伴有恶心、头晕和双手发麻的症状。

事故发生后，公交部门的领导找到司机郑某，原来，事故发生的原因就在于郑某一时大意，他以为人已经下完了，没有按规定查看摄像头，就关上了车门，才酿成了这起车门挤人的事故。

规章制度就是安全的保护绳，这是每个人都明白的道理。但大量事实说明，许多安全事故的发生，正是由于人们没有严格遵守安全规程，

让安全成为一种习惯

给安全生产带来严重的隐患,致使事故如恶魔般扑向人们,带来了永远无法抹平的伤痕。因此,养成安全习惯需要严格遵守安全制度,否则,再好的安全制度如果不遵守,也不能保证安全。比如在日常的生产工作中,由于部分员工安全意识淡薄,自我保护意识不强,对有效的安全制度执行不力等主客观原因,致使一些工伤事故频频发生。十起事故,九起违章。但一些员工对此并不重视,尤其是工作时间长了,更不把危险当回事,把安全制度要求抛在脑后,想怎么干,就怎么干,结果造成了无法挽回的损失。可见,遵守安全制度非常重要,也很有必要。

2. 上岗作业需持证,不懂不会莫要碰

实施持证上岗制度是规范安全行为的重要保证。持证上岗制度,是一种对专业技术人员实行的岗位管理制度。它对岗位从业人员的业务和技能提出最基本的要求,即岗位任用的资格条件。要求持证上岗也是安监部门管理安全生产的一个重要手段,是企业必须具备和做好的基础工作,是保证质量和安全的有效措施。对员工来说,持证上岗也是保障自己安全的必要措施。持证上岗使每个在岗作业人员都知道自己应该做什么、应该怎么做,有没有资格做,有没有能力做。我们要遵守持证上岗制度,培养持证上岗的好习惯。

某镇造纸厂一台锅炉在运行中爆炸,造成1人死亡,1人重伤的重大事故,直接经济损失30多万元。当天上午11时30分,当班锅炉操作工赵某对锅炉进行点火升压。1个多小时后,锅炉压力达到0.2兆帕,因为纸机车间没有生产(此时纸

第四章 落实安全规章,用纪律的硬规矩约束安全

厂已停电),操作工赵某就擅自脱离工作岗位回家吃饭,中午1时多才返回工作岗位,开始操作锅炉。当锅炉压力升至0.3兆帕时,开始向车间供气。下午14时50分左右,因整个造纸厂全部停电,锅炉也停止运行。当第二次来电时,因锅炉房灯泡不亮,赵某让相邻锅炉房操作工李某照看自己操作的锅炉,他去找锅炉班长领灯泡,就在周某返回途中距锅炉房20多米远时,锅炉突然爆炸,时间是下午15时40分。

☆☆☆

事故调查原因是锅炉操作工未经培训,不懂安全技术,盲目操作导致。一个压力容器操作工,不懂得压力容器的安全操作规程,不知道如何使用设备,一旦出现意外情况,如容器压力过大等,那么操作人员就无法对其进行处置,从而引发事故。因此,员工不持证上岗,不懂得安全技术,其危害程度是相当大的。

☆☆☆

2010年11月15日,上海市某公寓大楼发生特别重大火灾事故,造成58人死亡,71人受伤,直接经济损失1.58亿元。事故发生后,党中央、国务院高度重视,中央领导对此作出重要指示批示,要求全力组织灭火,千方百计搜救被困人员,做好伤员救治工作,做好善后处理。11月17日,由国家安全生产监督管理总局、监察部、公安部、住房和城乡建设部、全国总工会和上海市人民政府及有关部门人员组成的国务院事故调查组成立。最高人民检察院应邀派员参加。事故调查组经过调查取证,查清了事故原因、性质和责任,提出了对有关责任人员的处理建议和防范措施。

国务院事故调查组查明,该起特别重大火灾事故是一起因企业违规造成的责任事故。事故的直接原因:在公寓大楼节能综合改造项目施工过程中,施工人员无证违规在10层电梯前室北窗外进行电焊作业,电焊溅落的金属熔融物引燃下方9层

位置脚手架防护平台上堆积的聚氨酯保温材料碎块、碎屑引发火灾。

☆☆☆～～～～～～～～～～～～～～～～～～～～～～～

持证上岗是安全管理的重要手段，是规范员工安全行为的重要保证。在日常安全工作中安全技能是要通过训练才能掌握的，这就要求企业在员工上岗前进行专门的培训。一个既没有进行专业理论知识培训和考试，又没有进行专业技能考核的无证人员，从事特种作业工作，不懂特种作业工作的特殊性又不知道特种作业应注意的事项，在无人监管和无有关安全措施的情况下就容易造成事故。

持证上岗是安全的"护身符"，也是企业必须具备和做好的基础工作，是保证质量和安全的有效措施。我国法律规定特种作业人员必须按照国家有关规定经过专门的安全作业培训，并取得特种作业操作资格证书后，方可上岗作业。根据《特种作业人员安全技术培训考核管理规定》，特种作业是指容易发生人员伤亡事故，对操作者本人、他人的安全健康及设备、设施的安全可能造成重大危害的作业。特种作业包括电工作业、焊接与热切割作业、高处作业、制冷与空调作业、煤矿安全作业、金属非金属矿山安全作业、石油天然气安全作业、冶金（有色）生产安全作业、危险化学品安全作业、烟花爆竹安全作业以及安全监管总局认定的其他作业。特种作业人员必须年满18周岁，且不超过国家法定退休年龄；经社区或者县级以上医疗机构体检健康合格，并无妨碍从事相应特种作业的器质性心脏病、癫痫病、美尼尔氏症、眩晕症、癔病、震颤麻痹症、精神病、痴呆症以及其他疾病和生理缺陷；具有初中及以上文化程度；具备必要的安全技术知识与技能；相应特种作业规定的其他条件。特种作业操作证每3年复审1次。特种作业人员在特种作业操作证有效期内，连续从事本工种10年以上，严格遵守有关安全生产法律法规的，经原考核发证机关或者从业所在地考核发证机关同意，特种作业操作证的复审时间可以延长至每6年1次。离开特种作业岗位

第四章　落实安全规章，用纪律的硬规矩约束安全

6个月以上的特种作业人员，应当重新进行实际操作考试，经确认合格后方可上岗作业。因此，我们要充分认识持证上岗的重要性和必要性，实施持证上岗制度。

3.标准化作业，促使安全规范化操作

在安全工作中，标准化作业程序是经历了认真推敲和实践论证的作业步骤，落实标准化作业能够防范作业安全风险，规范职工现场作业规范化操作。规范操作是一种安全作业标准化，是对在作业系统调查分析的基础上，将现行作业方法的每一操作程序和每一动作进行分解，以科学技术、规章制度和实践经验为依据，以安全、质量效益为目标，对作业过程进行改善，从而形成一种优化作业程序，逐步达到安全、准确、高效、省力的作业效果。

黑龙江省某煤矿曾发生震惊全国的特大瓦斯爆炸事故。当时在井下作业的36人，除2人距离井口较近脱险外，其余34人全部遇难。国家煤矿安全监察局组织的联合调查组调查后确认，这是一起由于违章作业引发的重大生产责任事故。

令调查人员震惊的是：在事故发生前的70多分钟里，安全监测系统曾10次发出瓦斯浓度超标警告，其中最严重的一次警告显示：瓦斯浓度达到1.72%，报警时间持续5分多钟！

据相关规定，井下的瓦斯浓度在1%以下才能作业，因此，当瓦斯浓度超过1%时，必须停电，把人员撤出，等瓦斯排放符合标准后继续作业。

让安全成为一种习惯

当天的值班调度员李景恩在计算机屏幕上看到瓦斯浓度超标的警告后,当即打电话联系了井下操作人员。当时在井下负责技术工作的李佩才在电话里说了一句"我知道了",就挂了电话。

煤矿负责人说,瓦斯发生爆炸的低限浓度是5%,而安全监测系统设计为瓦斯浓度达到1%时就开始报警,这是非常重要的预警信号。工作人员李佩才不遵守安全标准化规程办事,对报警无动于衷,是导致事故发生的重要原因。

☆☆☆

在我们的日常工作中,安全标准化是对生命的尊重和维护,需要我们每一个人做到。工作中一定要安全标准化作业,只有这样才能保障安全。这就要求员工在工作时必须坚持科学态度,严格安全规范化操作。

安全标准化作业可以防止因随意简化工作步骤而在安全上出漏洞,防止由于考虑不周,造成工作上的返工,也可避免因不必要的烦琐而产生的危险性,从而增加作业中的安全可靠度。严格执行"标准化安全作业程序"是建立正常生产秩序的重要手段。

安全标准化作业的作用主要有以下几方面。

第一,标准化作业把复杂的管理和程序化的作业有机地融合一体,使管理有章法,工作有程序,动作有标准。

第二,推广标准化作业,可优化现行作业方法,改变不良作业习惯,使每一名工人都按照安全、省力、统一的作业方法工作。

第三,标准化作业能将安全规章制度具体化。

第四,标准化作业所产生的效益不仅仅在安全方面,标准化作业还有助于企业管理水平的提高,从而提高企业经济效益。

☆☆☆

某超高压局送电工区进行500千伏冯大Ⅰ号线更换绝缘子作业时,全线共分6个作业组。作业进行到第五天,第三作业组负责人周某,带领作业人员乌某等8人,进行103号塔瓷质

第四章 落实安全规章,用纪律的硬规矩约束安全

绝缘子更换为合成绝缘子工作。塔上作业人员乌某、邢某在更换完成 B 相合成绝缘子后,准备安装重锤片。邢某首先沿软梯下到导线端,14 时 16 分,乌某随后沿软梯下降过程中,不慎从距地面 33 米高处坠落至地面,送医院抢救无效死亡。

事故调查确认,乌某在沿软梯下降前,已经系了安全带保护绳,但扣环没有扣好并没有检查。另外在沿软梯下降过程中,乌某没有采用"沿软梯下线时,应在软梯的侧面上下,应抓稳踩牢,稳步上下"的规定操作方法,而是手扶合成绝缘子脚踩软梯下降,因此不慎坠落。小组负责人抬头看到乌某坠落过程中,安全带保护绳在空中绷了一下,随即同乌某一同坠落至地面。分析事故原因发现,工作班成员乌某的违章行为是造成此次事故的直接原因。首先,乌某在系安全带后没有检查安全带保护绳扣环是否扣牢,违反《电力安全工作规程电力线路部分》的规定。其次,在沿软梯下降时,违反工区制定的使用软梯的规定。工作负责人没有实施有效监护,默认乌某使用软梯的违规操作方式是造成此次事故的间接原因。

☆☆☆

要养成安全习惯,必须标准化作业。安全标准化作业是一种流程硬约束,不遵守程序,就无法通过。因此,安全标准化作业的任何一个环节都不能省略,不能跨越,不能颠倒顺序。在工作中,员工必须改变随意性指挥生产的方式,要坚持并且善于运用标准化作业。

同时,建立标准化流程是促进企业不断壮大的有效手段,能够逐渐提高企业的安全生产管理水平,甚至使其成为提高生产效率、确保产品质量、实现安全生产的基本行为准则。为深入贯彻企业安全生产标准化建设,进一步规范企业安全生产行为,改善安全生产条件,强化安全基础管理,有效防范和坚决遏制重特大事故发生,国家有关安全生产法律法规和规定明确要求,要严格企业安全管理,全面开展安全达标。

企业是安全生产的责任主体，也是安全生产标准化建设的主体，要通过加强企业每个岗位和环节的安全生产标准化建设，不断提高安全管理水平。安全生产标准化建设涵盖了增强人员安全素质、提高装备设施水平、改善作业环境、强化岗位责任落实等各个方面，是一项长期的、基础性的系统工程，有利于全面促进企业提高安全生产保障水平。深入开展安全生产标准化建设，能够进一步规范从业人员的安全行为，提高机械化和信息化水平，促进现场各类隐患的排查治理，推进安全生产长效机制建设，有效防范和坚决遏制事故发生。

4. 强化安全检查制度，严格落实监督

安全检查是安全管理的重要手段，在安全生产管理中起着举足轻重的作用。安全检查的目的就是通过日常安全检查，对生产过程及安全管理中可能存在的隐患、有害与危险因素、缺陷等进行排查，及时发现生产薄弱环节和安全隐患，查找不安全因素，寻求治理和消除隐患的方法、措施，并且真正落到实处，使安全隐患得到有效的治理和控制，保证生产安全。因此，安全检查要有目的性，要求和计划要明确；要严格落实监督，不走过场，不搞形式。

安全检查的范围和内容涉及每一个层面，从安全生产管理制度及法律法规到实际执行落实，从重点工作和主要问题到潜在危险因素，从生产设备、工艺到安全实施及现场环境，从员工思想意识到员工作业安全，每一个环节都要做好安全检查。

安全检查有多重形式，它包括：定期综合检查、专业检查、季节性检查、节假日检查、日常检查等。定期综合检查是以落实岗位安全责任

第四章 落实安全规章，用纪律的硬规矩约束安全

制为重点，各专业共同参与的全面检查。专业检查主要是对特种设备、电气设施、机械设备、安全防护设施、危险物品、运输车辆、避雷设施、仪器仪表、自动控制设施等分别进行的专业检查，及在装置开、停机前、新装置竣工及试运行等时期进行的专项安全检查。季节性检查是根据各季节特点开展的专项检查。节假日检查主要是节前对安全、保卫、消防、生产准备、备用设备、应急预案等进行检查，特别对节日各级管理人员、检修队伍的值班安排和安全措施、原辅料、备品备件、应急预案的落实情况等进行重点检查。日常检查包括班组、岗位员工的交接班检查和班中巡回检查，以及基层单位领导和生产工艺、设备、电气、安全管理等专业技术人员的经常性检查。

☆☆☆

徐州机务段充分发挥段、车间、班组三级安全员的检查监督作用，用一张无形的网络覆盖所有区域，检查、分析、落实、跟踪，步步推进，确保各种安全隐患"无所遁形"。为此，这个段精心设计三级安全监督网，段级安全检查组由段长、党委书记带队，安全科、运用科安全员为主力；车间安全检查组由车间主任负责，分管安全的副主任和安全专职人员具体组织；班组安全检查组则由班组长、工会小组长和班组安全员组成，在机车检修、值乘机车、设备维修的同时，还要对身边的职工进行监督检查。

如何排查出一线运输生产中的安全隐患？这个段专职安全员结合作业现场和季节特点，制订详细的检查计划，做到检查全覆盖、昼夜不间断跟踪盯控。按照检查计划，段级安全检查组重点对20个折返点作业、机车出入库、车机联控等进行抽查，对机车乘务员在中间站、道口、弯道等关键处所的鸣笛、观察情况进行设点检查。发现问题后由安全员汇总，并在段交班会上通报，督促相关车间及时整改。车间安全员加强日常巡

检，发现问题及时解决，每天将检查信息上报安全科。这位段专职安全员每周对全段安全信息进行汇总分析，找出共性和突出性问题，提出整改措施，并在网上通报，由相关车间具体整改。相关车间根据问题特点制订阶段性检查计划，并把通报问题作为检查重点，从源头彻底消除安全隐患。

☆☆☆

加强企业安全检查是消除安全隐患、减少安全事故的有效途径。从这个角度看，做好安全检查对于企业的生产和安全及员工等生产人员的安全、产品安全和消费者的安全都有非常重要的意义。对检查中发现的一般安全隐患要立即整改，对不能处理的隐患实施跟踪监督，实施临时应急措施，挂牌限期整改。安全检查要坚持领导与群众相结合、综合检查与专业检查相结合、检查与整改相结合的原则，并做到经常化、制度化、规范化的原则。对检查出的隐患，要进行原因分析，及时实施整改解决措施。对事故隐患，按照隐患整改"四定"原则落实（定措施、定负责人、定期限、定资金来源）。对检查中发现的一般安全隐患要立即整改，对不能处理的隐患实施跟踪监督，挂牌限期整改。对不具备整改条件的隐患，要采取一定的应急防范措施，或临时解决措施，按要求限期整改或停产整改，在条件具备的情况下彻底整改掉，确保安全生产。对危险性及危害性较大的隐患必须立即整改落实。

总之，安全检查制度是发现消除事故隐患、预防安全事故和职业危害的安全防范制度。一个企业、一个班组如果缺少必要的安全检查制度，那么它的安全系数就可能大大降低，员工生产的安全性就很难保障。这对企业的生产是有不利影响的。因此，我们员工要认真负责地对待安全检查工作，这样才能做好安全工作，养成好的安全习惯。

5. 严查违章违纪，自觉纠正"三违"行为

安全事故的发生，归根结底就是由于人的行为不规范，违章作业、违章指挥、违反劳动纪律造成的。而要养成安全好习惯，最基本的就是自觉纠正"三违"行为。所谓"三违"，是"违章指挥、违章操作、违反劳动纪律"的简称，也是企业员工在生产过程中不按章程办事的违章行为的统称。

违章指挥：主要是指生产经营单位的生产经营者违反安全生产方针、政策、法律、条例、规程、制度和有关规定指挥生产的行为。比如，不遵守安全生产规程、制度和安全技术措施或擅自变更安全工艺和操作程序，指挥者未经培训上岗，使用未经安全培训的劳动者或无专门资质认证的人员；指挥工人在安全防护设施或设备有缺陷、隐患未解决的条件下冒险作业；发现违章不制止等。

违章作业：主要是指现场操作工人违反劳动生产岗位的安全规章和制度，如安全生产责任制、安全操作规程、工人安全守则、安全用电规程、交接班制度以及安全生产通知、决定等作业行为。比如，不遵守施工现场的安全制度，进入施工现场不戴安全帽、高处作业不系安全带和不正确使用个人防护用品；擅自动用机械、电气设备或拆改挪用设施、设备；随意爬脚手架和高空支架等。

违反劳动纪律：主要是指工人违反生产经营单位的劳动规则和劳动秩序，即违反单位为形成和维持生产经营秩序、保证劳动合同得以履行，以及与劳动、工作紧密相关的其他过程中必须共同遵守的规则。比如，不履行劳动合同及违约承担的责任，不遵守考勤与休假纪律、生产

与工作纪律、奖惩制度、其他纪律等。

"三违"行为是安全生产中最大的敌人,在安全隐患排查中如果不严格执行安全规程,反对"三违"行为,那么必定会酿成严重恶果。通过对"三违"发生的成因和性质分析,可以大致将其分为以下六种类型。

(1) 盲目性"三违"

一部分职工认为从事施工作业只是很简单的体力劳动,因此对学习安全知识抱着无所谓的态度,凭习惯和经验作业,造成盲目性"三违"。

(2) 无知性"三违"

相当一部分职工由于文化素质和技术素质较低,自控能力和自主安保意识差,对应知应会技术和施工措施一知半解,很多人违章了还根本不知道错在哪里。

(3) 习惯性"三违"

有相当一部分职工包括基层干部,不能摆正安全与效益的关系,只讲产量、进度,随意省略安全技术防范措施,在尝到"甜头"的情况下,实施习惯性"三违"。

(4) 管理性"三违"

有些管理干部,重生产安排轻隐患整改,重制度制定轻现场落实。甚至有极少数管理人员,在明知不具备安全条件的情况下,仍指挥职工强行作业,造成了管理性"三违"。

(5) 放任性"三违"

个别管理干部工作责任心不强,现场管理粗放,对一些轻微"三违"现象睁一只眼闭一只眼,助长了职工的错误思想,久而久之,造成放任性"三违"。

(6) 工序性"三违"

有的职工在作业中不按照规程要求施工,工程质量差,安全设施不

第四章 落实安全规章，用纪律的硬规矩约束安全

齐全，给后续工作带来诸多不便，留下了安全隐患，造成了工序性"三违"。

~~~~~~~~~~~~~~~~~~~~ ☆☆☆ ~~~~~~~~~~~~~~~~~~~~

某公司煤矿新副井施工项目部在进行井架改造中发生一起瓦斯爆炸事故，死亡5人。事故造成直接经济损失151万元。

由于井筒施工到底，第二天开始拆除井内管路并提升吊盘，井筒上部铁质风筒弯头影响吊盘上提，于是将铁弯头割破，致使整个井筒无法进行正常通风，并且之后一直未安排予以恢复。

这天上午8：00，在现场井口外围工作的人员有：机加班7人、除锈刷漆班9人、缠绳班9人，另有11人在井架上改装天轮平台。9时50分左右，完成井架天轮平台改造后，杨某、吴某、潘某、贾某4人下到离地面15米高的翻矸台准备切割横梁，刘某、尹某2位电工在翻矸台接照明灯，副经理带领其余人员回到地面。约10时30分，杨某开始切割横梁，气割产生的熔渣穿过铺盖在井口的钢管缝隙落入井下，引起井筒内积聚的高浓度瓦斯发生爆炸，气浪掀起井口的钢管及井架上的部分铁护板，此时井架上的吴某、潘某、贾某、尹某等4人分别抱住身边固定物件而幸免于难；杨某、刘某则被冲击波抛出井架平台，井筒附近的陈某、季某、黄某等3人躲闪不及也被砸、被压，该5人被迅速送往医院，经医治无效先后死亡。

事后调查，造成事故的主要原因之一是未根据《煤矿安全规程》和《安装施工组织设计》组织编写安装作业规程与安全技术措施，在明知井筒长时间停风的情况下，违章指挥，组织安排杨某（已遇难）等人从事切割二层平台横梁作业，导致熔渣掉入井下引爆高浓度瓦斯发生事故。已经有那么多人用生命向世人发出了警告，告诫人们要遵守安全规程，坚决反

对"三违"行为。可是这5人还是要用鲜血去验证这一真理。

☆☆☆

"三违不反、事故难免",正是因为一次次"三违",导致了事故的发生,使得很多家庭失去了幸福。伤亡员工用血的代价一次又一次地警示我们,"三违"不除,我们个人的幸福和企业的发展就无从谈起,企业的安全生产就得不到保证。所以,要想保证安全必须坚决反对"三违"行为。"三违"行为是安全的最底线,绝对不能碰,一碰就会伤人害命。安全生产中的每一个操作都要有凭有据、有规可依,决不能想当然,一定要遵章作业、规范作业,只有这样才能保证工作的质量,保证员工的安全。每个员工都应自觉遵守安全法律法规和企业安全规章制度,在工作中约束自己的行为,做到不违章指挥、不违章作业、不违反劳动纪律,这样才能让安全成为一种习惯。

6. 从自身做起,根除"习惯性违章"顽症

在企业中我们常常可以看到这种现象:有的职工安全帽不戴好或象征性地扣在头上就进入施工现场;有的职工安全带不挂好就登高进行作业,看到领导来了马上挂好,领导一走立刻摘掉;有的职工在巡检时不按要求穿戴好劳动防护用品,操作时跟着感觉走而不是遵守安全操作法……这些不良习惯还不时地在我们周围人的身上发生,而事故也就不断地出现。这就是习惯性违章的恶果。

所谓习惯性违章是指那些固守旧有的不良作业传统的工作习惯,违反安全工作堆积的行为。这是一种长期以来沿袭下来的作业行为,它实质上是一种违反安全生产工作客观规律,盲目、自觉或不自觉、随心所

第四章 落实安全规章，用纪律的硬规矩约束安全

欲且习以为常的行为方式。如图省事、嫌麻烦，怎么省力怎么干，平时知道要按规章操作，可一干起活来则以自己习惯为主，一些与安全规章相悖的习惯也不改正，再加上数次过后并没出问题，因此胆子便越来越大，直到发生事故。

☆☆☆

有这样一个故事：在一个寺庙里，有个刚入佛门的小和尚跟老和尚学理发，老和尚告诉小和尚："理发这活，轻不得，重不得，轻了剃不掉头发，重了会削掉头皮，只有不轻不重才行。要想学好，先得找个冬瓜，用力在上面练习。"

小和尚听了后，便找来冬瓜，开始在冬瓜上练了起来。刚开始小和尚养成了一个坏习惯，每次练完后，就顺手把理发刀往冬瓜上一插。老和尚见了后，多次劝说小和尚不要把刀插在冬瓜上。小和尚对此一点也不在意。后来小和尚觉得练得差不多了，就给寺里的一个同门理发。头发理完后，小和尚坏习惯不改，顺手就将刀插在同门的脑袋上，结果同门一命呜呼。

☆☆☆

可能有的人觉得这个小和尚真笨，明知道是人的脑袋还将刀插上去，其实小和尚并不笨，只是他从一开始就养成了坏习惯，在平时的工作中又不注意改正，最终酿成了脑袋当冬瓜的惨剧。安全在于习惯，习惯决定安危。在安全生产中，惯性违章是诱发一切责任事故的土壤和温床。现实让我们清醒地认识到：惯性违章比偶然违章行为危害更大，后果更严重。深挖其原因，是惯性违章者往往熟悉作业标准、程序和安全规定，是典型的有章不循、明知故犯，是按照自己的方式简化标准，极大地削弱了规章制度的严肃性和权威性，久而久之，像瘟疫一样蔓延，危害大家的安全。

☆☆☆

重庆市某跨江大桥施工现场发生一起安全事故。当时施工钢丝绳吊篮运送 23 名工人上晚班，因平衡物断落打在吊篮上，

造成11人死亡，12人受伤。

事后调查事故成因如下。

①项目部门不服从管理。项目部安装好缆索吊篮之后，在没有经过质检部门安全检测的情况下便投入运营，而且还违反吊篮管理的相关规定，违规运送工人上下班。

②吊篮操作人员不服从管理。当质检部门发现工地存在吊篮违规运送工人的问题后，曾命令该吊篮停止运行以待检查，并制作了不准载人的警告牌。在随后的检查中，质检部门更是发现了吊篮钢缆存在严重的安全隐患，并发出警示。但吊篮操作员对此置若罔闻，仍然继续违章操作。

③工人不服从管理。因工作现场上下班路途较远，于是工人对于吊篮上"不准载人"的禁令熟视无睹，仍然采用吊篮上下班。

无疑，在这起事故中，相关管理人员习惯了违章作业是造成这起严重事故的主因。在这起惨痛的事故中，不仅11条鲜活的生命随风而逝，而且负责该项目的经理、副经理、项目部总工程师、劳务承包负责人、施工安全员、吊篮操作员及吊篮缆绳维修保养员7人被依法追究责任。可见，"惯性违章"顽症害死人，下气力根治"惯性违章"顽症，根本是要强化干部职工对惯性违章严重危害性的深刻认识。

在安全上，惯性违章的成因是多种多样的，相当复杂。既有主观原因，也有客观原因；既有人的生理特征的影响，又有管理放松，要求不严因素的影响。

第一，惰性影响。由于怕麻烦、怕受累，工作时总求简单省力、偷懒图快，走捷径，干巧活，马马虎虎、应付了事，工作不求高标准，只求过得去。这种可怕的惰性，正是滋生习惯性违章作业的土壤。

第二，侥幸心理作怪。具有这种心态的人总是认为有点违章也不会

第四章　落实安全规章，用纪律的硬规矩约束安全

出事故，哪有那么巧，瞎猫碰上死耗子，认为事故的形成是多方面原因组合构成的，一次违章作业无大碍，结果一而再、再而三地违章下去，形成了所谓惯性违章。再就是在单独作业时，无人监管，认为违章操作没人知道，一旦发生问题，百般推托抵赖，能蒙就蒙，得过且过。

第三，个人素质低下。有些员工对安全规章制度一知半解，对技术业务懒于学习，糊里糊涂，或知其然不知其所以然。特别是新的规章制度出台后，不能及时学习，标准掌握不清，仍凭经验、旧办法去干，我行我素，这是导致习惯性违章作业的重要原因。

第四，安全管理不到位。安全管理不到位，规章制度没落实，必然放纵违章作业。领导干部对现场作业的安全控制是防止违章作业的关键。一旦负有相关安全责任的干部作风飘浮，没能很好地对现场作业人员进行有效指导、监控、考核、把关，甚至对违章作业视而不见，听之任之，久而久之，就会给违章作业留下空间，从而导致职工安全观念淡薄，居危不思危，陷入了"工人干惯了，干部看惯了，大家习惯了"的怪圈。

一位领导这样说：习惯性违章其实就是故意违章。仔细琢磨，此话有理，习惯性违章实际就是明知故犯，说成故意违章一点都不假。习惯性违章具有顽固性、多发性的特点。要杜绝事故，必须纠正习惯性违章。什么事情一旦养成了习惯就很难改。要扼制这种现象的发生，必须采取有效措施纠正员工习惯性的动作方式。那么如何让员工改变多年来习以为常的违章做法，"强迫"他们养成好的习惯呢？方法就是立足岗位，自检自查，严格自律，一开始就养成良好的安全行为习惯。

☆☆☆

有一家企业，年年都是落实安全责任的先进，他们的秘诀就在于重视安全习惯的培养。在该企业，每天上班，老总要做的第一件事，就是到车间去落实安全责任，看哪些职工没有安全保护措施，哪些安全措施没有到位；每天下班后，相关负责

让安全成为一种习惯

人要召开安全生产例会,一边是各部门对安全进行总结,一边是对安全责任进行必要的要求和落实,这样企业就形成了人人抓安全,人人讲安全的良好氛围,因而10年来,没有发生一起安全事故,也没有出现任何安全问题。

☆☆☆

良好的工作习惯能确保安全生产的稳定,坏习惯随时会造成安全事故的发生。我们的命运由我们自己把握,我们的安全由我们自己收获。所以,我们就将好的安全习惯的种子埋下,用恒心去浇灌,来成就我们生命的精彩。当我们养成了安全好习惯,也就根除了"习惯性违章"的顽症。

第五章

抓好安全细节,养成认真细致的安全作风

魔鬼藏在细节里,安全也藏在细节里。因此,安全工作必须树立起"安全无小事"的观念,不能对工作中的细节敷衍轻视。无数血的事实证明了细节对于安全的重要。灾难性的结果往往是由小细节引发的。因此,越是细节越需要用心,越是细节越不能马虎,把细节处做精、做实,养成认真细致的安全作风,安全才有保障。

> 让安全成为一种习惯

1. 安全无小事，安全习惯要从细节做起

要安全，必须重视细节，这是万分重要的。每个人所做的工作，都是由一个个细节构成的，一个小小的闪失，就能让生命处于险境。众多安全事故用血的教训表明，大多事故就是由"小事"演变成"大事"的。因此，在安全工作中，每一位员工都应养成重视细节的习惯。

每个员工都应该对工作中的"小细节"多些敏感，提高安全认识，减少不安全行为，注意安全细节。工作中任何一个细节出了问题，都会牵动全局。正所谓牵一发而动全身，每一次细小的疏忽所产生的后果都会不断扩大，它们就不再是微不足道的小事情，而将演变成重大的安全问题。

☆☆☆

20世纪60年代，当时的苏联为了准备人类第一次载人太空飞行，开始招募宇航员。经过层层筛选，最后留下了几位，其中一位叫邦达连科的宇航员得到了主设计师科罗廖夫的极大赞赏，很多人都认为他当选的可能性最大。然而邦达连科在为期10天的地面训练中不幸遇难。

事发当天，邦达连科在一个高浓度氧气舱里，用酒精棉球擦完身上固定过传感器的部位后，随手将它扔掉。不料带有酒精的棉球正好掉在了电极板上，随即引发大火。邦达连科没有及时逃脱，被严重烧伤，后来因为抢救无效死亡。就这样，一个天才宇航员遇难了。只是他的死并非因为灾难，而是他自己造成的。因为他没有意识到细小隐患的存在，不慎将带酒精的棉球丢在了电极板上，才导致悲剧的发生。

第五章 抓好安全细节，养成认真细致的安全作风

随后，苏联航天局决定重新挑选一位优秀的宇航员执行第一次航天计划。邦达连科事件让苏联航天局在挑选宇航员时变得格外挑剔和严格。他们希望挑选出最细心、最有安全意识的宇航员。

没过多久，在参观尚未竣工的东方号宇宙飞船陈列厂时，主设计师科罗廖夫问："你们谁愿意试坐？"加加林报了名，在进入飞船前，他脱下了鞋子，只穿袜子进入了还没有舱门的座舱。加加林的这个举动给科罗廖夫留下很深的印象，也赢得了他的好感。最后，苏联航天局决定让加加林驾驶着"东方一号"执行飞行任务，加加林也由此成为第一个进入太空的宇航员，被人们尊称为"太空第一人"。

☆☆☆

邦达连科不幸成为了"第一个遇难的航天员"，加加林则幸运地成为了"太空第一人"，二者有着多大的差距呢？其实差距就在不经意间的一个动作。在我们的现实生活和工作中这样的例子也时而发生，工作时不戴安全帽，登高不系安全带，电焊作业不戴防护面罩，下班不关门、不断电、不关电脑和空调，朋友开车来了，大开酒戒等，所有这些都会给企业、家庭和个人带来不可挽回的巨大损失。因此，在工作中，每个员工都要养成重视小事、认真细致的好习惯好作风。在生活中，每个人也都有安全意识。

☆☆☆

某家市级儿童医院，因家中急用，一名护士利用值夜班时间，用盐水瓶灌了一瓶酒精藏于桌下角落，而下班时又忘记带走。适逢第二天大扫除，第二名护士发现桌下一瓶液体顺手放到桌上，第三名护士直接把其归放治疗台，而第四名护士似乎顺理成章地给一个病人输入，就这样一条幼小生命消失了。

当公安机关的拘留证摆在她们面前时，她们都觉得自己并没有什么大错，谁都觉得自己犯的错不足以去承担这份沉重的

让安全成为一种习惯

责任，第一名护士说我只不过想拿瓶酒精回家，谁能想到竟会酿成这样的大错！第二名护士说我只不过把一瓶液体放在桌上，谁又能想到它竟然成为输液的液体！第三名护士说我只不过在履行我的职责，把物品归类放置，这难道也有错吗？第四名护士说：我更冤了，我怎么会想到那竟然是一瓶酒精呢？那试问，如果其中的一个护士严格执行了护理操作规程，做好了"三查七对"，如果每一个护士多那么一点细心和疑问，这样的事情还会发生吗？现在谁来给这年轻的生命一个逝去的理由？谁来给他的亲人一个交代？

安全是人命关天的大事，任何时候都疏忽不得，松懈不得。我们的安全工作其实是由许多细节和一件件小事组成的。面对千变万化的细节小事，再好的预设也不能预见工作可能出现的所有情况。因此，在工作中必须关注每一个细节。

生命在于细节，细节决定安危。注重细节，就能确保生命的安全，忽视细节就会使生命受到伤害。我们每个人所做的工作，都是由一件件小事构成的。把每一件小事做好，才能铸造完美的细节。尤其是在安全问题上，每一件看来很小的事情，都事关重大。许多安全生产事故的发生，许多生命的离去，都因为忽略了细节而酿成大祸。

2. 保持严谨习惯，重视小失误避免大事故

安全管理中有一句大家都知道的警示语"小错误诱发大事故"。任何事物的发生和发展，都是一个由小到大、由量变到质变的过程，当不

第五章　抓好安全细节，养成认真细致的安全作风

安全的行为成为一种习惯时，也就给日后的安全生产埋下了隐患。因此，安全需要养成严谨认真、一丝不苟的习惯。严谨的生活和工作习惯，是成功人生最基本的素养。在安全上更是如此。安全是人命关天的大事，任何时候都疏忽不得，松懈不得。安全事故最初都是些不值得关注的鸡毛蒜皮之类的小事，如一只烟头、一颗松动的螺丝钉、一次疏忽大意、不小心落下的什么小东西等引发的。

☆☆☆

2003年2月1日美国"哥伦比亚"号航天飞机返回地面途中，着陆前意外发生爆炸，飞机上的7名宇航员全部遇难，全世界感到震惊。美国宇航局负责航天飞机计划的官员罗恩·迪特莫尔被迫辞职。此前，他在美国宇航局工作了26年，并已担任4年的航天飞机计划主管。事后的调查结果表明，造成这一灾难的直接原因竟是外部燃料箱表面脱落的泡沫材料高速撞击左翼前部的隔热系统，使其形成裂隙。当航天飞机重返大气层时，超高温气体从裂隙处进入"哥伦比亚"号机体，造成航天飞机解体。看似小错误，却直接导致机毁人亡的惨剧。

☆☆☆

古人云："祸患常积于忽微。"往往是微不足道的小事，最终成为不安全的最大隐患。众多安全事故用血的教训表明，大多事故就是由"小事"演变成"大事"的。很多时候都是因为我们忽略了安全中的小毛毛雨，没有及时有效地躲避，最终尝到了湿透衣服的滋味。"小违章、小违纪、小隐患"，看似不起眼，但如果不及时消除，任其恶化，就会逐渐演变成大隐患，就有可能发生安全大事故。比如在生产中，领导不在时摘掉安全帽；不按规定穿戴防护服装；出于好奇私自拆卸矿灯；怕麻烦简化作业程序；存有细小隐患不仔细排查处理等，这些看来微不足道的小事时常在我们身边发生，殊不知，差错往往发生在这些细节中，成为造成安全大事故的祸根。

让安全成为一种习惯

巴西有一家海洋运输公司，门前竖立着一块高5米、宽2米的石头，上面密密麻麻地刻满葡萄牙语文字记录了20世纪60年代巴西远洋运输公司的一起海难事故。

巴西远洋运输公司派出的救援船到达事故地点时，"环大西洋"号海轮已经消失，21名船员也不见了，谁也想不明白在这个海况极好的地方到底发生了什么。救援船的船员发现海面上漂浮着"环大西洋"号电台，电台下面绑着一个密封的瓶子，里面有一张小纸条，上面有21种笔迹。这个小纸条可以说是"环大西洋"号海轮的事故说明书。纸条上面写着：

一水理查德：3月21日，我在奥克兰港私自买了一盏台灯，想给妻子写信时用。

二副瑟曼：我看见查理德拿着台灯回船，就提醒他"这个台灯底座轻，船晃时别让它倒下来"，但没干涉。

三副帕蒂：3月21日下午船离港，我发现救生筏放置有问题，就将救生筏绑在架子上。

二水戴维斯：离港检查时，我发现水手区的闭门器损坏，就用铁丝将门绑牢。

二管安特耳：我检查消防设施时，发现水手区的消防栓锈住了，心想还有几天就到码头了，到时候再换。

船长麦凯姆：起航时，工作繁忙，没有看甲板部和轮机部的安全检查报告。

机械师丹尼尔：3月23日上午，查理德和苏勒的房间消防探头连续报警。我和瓦尔特进去后，未发现火苗，判定探头误报警，拆掉后交给惠特曼，要求换新的。

机械师瓦尔特：我就是瓦尔特。

大管轮惠特曼：我说正忙着，等一会儿拿给你们。

第五章 抓好安全细节，养成认真细致的安全作风

服务生斯科尼：3月23日13点，我到理查德房间找他，他不在，坐了一会儿，随手打开了他的台灯。

大副克姆普：3月23日13点半，我带苏勒和罗伯特进行安全巡视，没有进理查德和苏勒的房间，说了句"你们的房间自己进去看看"。

一水苏勒：我笑了笑，也没有进房间，跟在克姆普后面。

机电长科恩：3月23日14点，我发现跳闸了，因为这是以前也出现过的现象，没多想，就将闸合上了，没有查明原因。

三管轮马辛：感到空气不好，先打电话到厨房，证明没有问题后，就让机舱打开通风阀。

大厨史若：我接马辛电话时，开玩笑说，我们这里有什么问题？你还不来帮我们做饭？然后问乌苏拉："我们这里都安全吧？"

二厨乌苏拉：我回答，我也感觉空气不好，但我觉得我们这里很安全，就继续做饭。

机械师努波：我接到马辛电话后，打开通风阀。

管事戴思蒙：14点半，我召集所有不在岗位的人到厨房帮忙做饭，晚上会餐。

医生莫里斯：我没有巡诊。

电工菏尔因：晚上我值班时跑进了餐厅。

最后是船长麦凯姆潦草而绝望的字：19点半发现火灾时，理查德和苏勒的房间已经烧穿，一切糟糕透了，我们根本打不开水手舱的门，拧不开消防龙头，我们根本没有办法控制火情，连救生筏都放不下来，只能由着火势越来越大，直到整条船上都是火。完了，一切都完了。我们每个人都犯了一点点小错，却酿成了船毁人亡的大错。

看完这张绝笔纸条，救援人员谁也没有说话，海面上死一

样的寂静，大家仿佛清晰地看到了"环大西洋"号海轮整个事故的过程。

☆☆☆～～～～～～～～～～～～

这个悲剧故事向我们描绘了一场由若干个小错误造成的大灾难，真可谓是小事不小。在日常工作中，上至领导，下到员工，往往只对一些重大事件和环节予以关注，而对工作中发生的小错误却多不以为过。然而，麻痹大意，侥幸心理，都可能会造成大事故，大问题都藏在小细节里。所以要保障安全，我们必须养成严谨习惯，深入到细节中去，时时处处讲安全、抓细节，不仅在自己的岗位上不放过任何小错误、小隐患，杜绝任何小违章，对企业、对班组、对同事的安全工作也要消除一切小隐患、小苗头，共同创建安全工作环境，保证安全生产。

3.用"零缺陷"的标准要求工作

零缺陷管理简称 ZD（Zero Defects）。亦称"缺陷预防"，零缺陷管理的思想主张企业发挥人的主观能动性来进行经营管理，生产者、工作者要努力使自己的产品、业务没有缺陷，并向着高质量标准的目标而奋斗。是以抛弃"缺陷难免论"，树立"无缺陷"的哲学观念为指导，要求全体工作人员"从开始就正确地开展工作"，以完全消除工作缺点为目标的质量管理活动。零缺陷并不是说绝对没有缺陷，或缺陷绝对要等于零，而是指要以"缺陷等于零为最终目标，每个人都要在自己工作职责范围内努力做到无缺点"。它要求生产工作者从一开始就本着严肃认真的态度把工作做得准确无误，从产品的质量、成本与消耗、交货期等方面的要求进行合理安排，而不是依靠事后的检验来纠正。这一理念

第五章 抓好安全细节，养成认真细致的安全作风

运用在安全工作上有极好的效果。

☆☆☆

"零缺陷"的概念产生于美国。零缺陷之父菲利浦·克劳士比之所以走上零缺陷推广之路，就源于态度的转变。克劳士比的职业生涯始于一条生产线的品管工作，他当时尝试多种方法向主管说明他的理念："预防更胜于救火。"他先后任职的公司包括：1952年于克罗斯莱公司；1957年至1965年于马丁玛瑞塔公司，以及1965年至1979年于ITT工业集团。在克罗斯莱的时候，他对与质量相关的知识努力学习不遗余力，几乎读遍当时所有的质量书籍，并且加入美国质量学会成为会员。在担任马丁玛瑞塔公司的质量经理时，克劳士比曾经提出"零缺陷"的观念与计划，并因此于1964年获得美国国防部的奖章。

菲利浦·克劳士比对世人有卓越贡献及深远影响，被尊为"本世纪伟大的管理思想家""品质大师中的大师""零缺陷之父""一代质量宗师"。

☆☆☆

零缺陷不仅是一种工作准则和执行标准，也是一种安全工作的信念。零缺陷工作听起来很神圣，也很有难度，但它却是由工作中每一个简单的小细节联合组成的。"零缺陷"表达的是一种决不向任何不符合最高要求的做法妥协的决心。它要求人们细致工作，达到"零缺陷"的境界。零缺陷意味着要求组织中的每一个成员都要在工作中下决心做到第一次和每一次都符合要求。这是对有着深远传统的"差不多"标准的一次革命。其实，"差不多"就是差很多，就是忽略细节。"差不多"是我们在工作中经常抱有的一种心态，而"零缺陷"则意味着我们每一次都要满足工作过程的最高要求。工作要做到精益求精，就要摒弃"差不多"的心态。差不多到底差多少，美国人对此专门进行了研究，列出的一组数据很能说明问题。如果都只做到99.9%的话，那么，

> 让安全成为一种习惯

在美国——

每年会有 11.45 万双不成对的鞋被船运走；

每年会有 20077 份文件被美国国家税务局弄丢；

每年会有 25077 份文件封面被装错；

每年会有 2 万个处方被误开；

每年将有 55077 盒软饮料质量不合格；

每天将有 3056 份《华尔街日报》内容残缺不全；

每天会有 12 个新生儿被错交到其他婴儿的父母手中；

每天会有 2 架飞机在降落到芝加哥奥哈拉机场时，安全得不到保障；

每小时会有 18322 份邮件投递错误。

可见，在安全上，每个员工都是企业的一分子，如果每个人的工作态度都是"差不多""还行吧"，不但会导致企业难以获得利润，甚至还会因不慎造成重大事故。因此，我们做安全工作要重视细节，拒绝"差不多"，树立"零缺陷"的标准要求。

在"二战"中期，英国空军和降落伞制造商之间发生了分歧，因为降落伞的安全性能不够。事实上，通过努力，降落伞的合格率已经提高到 99.9% 了，但军方要求达到 100%，因为如果只达到 99.9%，就意味着每 1000 个跳伞士兵中，可能会有一个因为降落伞的质量问题而送命。但是，降落伞厂商却不以为然，他们认为 99.9% 已经够好了，世界上没有绝对的完美，根本不可能达到 100% 的合格率。军方在交涉不成功的情况下，改变了质量检查办法，他们从厂商前一周交货的降落伞中随机挑出一个，让厂方负责人装备上身后，亲自从飞机上往下跳。这时，厂商才意识到 100% 合格率的重要性，于是奇迹很快就出现了：降落伞的合格率一下子就达到了 100%。

第五章 抓好安全细节，养成认真细致的安全作风

这个故事告诉我们，没有对零缺陷的追求，就不会有完美的结果。一位管理专家一针见血地指出，从手中溜走1%的不合格，到用户手中就是100%的不合格。工作中一个小小的疏忽和失误，就会造成产品和服务上的缺陷，每一个缺陷都会影响企业在顾客心目中的形象和地位，给企业带来难以估量的损失。因此，对于任何一个小小的失误，我们都要将它视为大问题，并将其化解。只有将1%的失误化解掉，才能保证100%的安全结果。因此，在安全工作中，获得成功的方法只有一个，这就是以高标准来要求自己。这样才能养成一个好的安全习惯。除此之外，别无他法。

4. 认真填写安全台账，做好安全日志

安全台账是企业日常管理工作的一个重点。安全台账是确保工作有记录、管理可追溯、过程有监控的重要手段。任何一个规范化的企业，都必定会进行台账管理。说起台账管理，基层员工可能会抱怨连连，因为台账记录费时费力，给原本就很忙碌的日常工作增添了一份负担，因此很多员工在填写台账时敷衍了事、临时拼凑，根本没有发挥台账的作用。

某单位雇佣一名临时工张某，张某在工作期间分管一材料仓库区，因个人有事情回家，并没有说明不再返回单位工作。张某离开时只是把仓库办公钥匙交付给上级主管部门，但是没有交接材料库存数量，以及没有交接进出材料账目单和电脑记录清单。张某离开岗位后，单位因工作需要，打开张某的办公

室，发现室内张某自己的所有物品均已带走，却没有任何台账资料。事后单位问起台账资料时，张某说台账资料都在柜子里，单位向其索要存储的电子版资料，张某说电子资料都在电脑里。但这两个地方都没有找到相关资料。台账资料没有去向，极大地影响了后续工作。

☆☆☆

在工作中，统一、规范的工作台账，能够为日常管理工作提供可靠依据。加强安全生产台账管理不仅可以反映安全生产的真实过程和安全管理的实绩，而且能为解决安全生产中存在的问题，强化安全控制、完善安全制度提供重要依据，是规范安全管理、夯实安全基础的重要手段。因此，安全生产台账不是可有可无的，及时、认真、真实地建立安全台账，是一个单位整体管理水平和管理人员综合素质的体现。

安全台账一般都有详细的格式，要确保不漏项。安全台账一般包括：

①安全责任书（与主管单位及内部各班组签订的安全生产目标管理责任书、合同）。

②安全生产机构设置的文件（领导小组、安全组织等）。

③安全生产管理制度（安全生产责任制、安全技术措施计划、安全生产教育、安全生产定期检查、伤亡事故的调查和处理制度）。企业注册安全主任、安全员、班组长等岗位职责。

④上级有关安全生产管理部门制订和下发的制度性文件、通知、通报等。

⑤安全宣传教育培训、学习、活动资料。

⑥安全生产检查资料。

⑦安全会议记录。

⑧花名册：全员花名册，特种作业人员花名册。

⑨新工人（含民工和临时工）三级教育。

⑩机械、电气等设备管理资料。

第五章 抓好安全细节，养成认真细致的安全作风

⑪安全技术交底资料。
⑫爆破物品管理台账。
⑬事故应急预案、事故记录和报告资料，安全事故调查处理材料。
⑭安全设施和劳保用品购买、发放登记台账。

☆☆☆

　　小陈是一家工厂的班组长，他对做好工作台账有着深刻的感受。他曾经讲道——我刚当上班组长不久，就接到通知，有关领导要来检查我们班组的安全管理工作，给我们申报公司安全文明班组。我激动万分，这是对我这一年班长工作的充分肯定啊。我生怕有什么差错，把班组那本久未看过的安全管理台账又翻了翻，台账的封皮破了，里面的字迹也显得潦草了些，还有的记录没来得及写完……这怎么能给领导们看呢？想到这，我就把管理台账偷偷地带了回去，准备重新补一本。

　　为了把台账做漂亮点，我特地买了豪华记录本，然后请了几个写字漂亮的朋友，按不同的日期重新抄了一遍。看着这崭新的台账，我仿佛看到领导们的赞赏。一周后，有关领导前来检查，我怀着忐忑不安的心情站在一旁，等领导提问。"你单位 P-208 泵烧毁，作为班长你应怎么处理？""装置硫化氢报警仪突然高报，你们应该怎样应急？"我有条不紊地回答着，七八个问题过后，领导的脸上露出笑容。

　　突然，我观察到领导的笑容凝固了，其中一位科长问我："这个管理台账是去年的吗？"我连忙称是。"那怎么会用上个月才出的笔记本誊写？"我看着领导指的笔记本的生产日期，一下子傻了……

　　事后，领导把我叫了去，认真听取了我的解释后，和蔼地对我说："安全管理台账不是一本漂亮的摆设，我们之所以建这个台账，就是希望通过汲取兄弟单位血的教训以及学习各种

技能，增强大家面对事故的应变能力以及保护自己和同事、保护国家财产的能力。如果流于形式，那付出的将是血的代价，作为班长，你应该知道身上的责任。"

从此，看到这本小小的班组安全台账，我就会提醒自己：认真填写安全台账，时刻注意生产安全。

☆☆☆

安全台账是固化行为、养成良好习惯的一个重要的载体。但在一些企业安全管理台账普遍存在弄虚作假，为应付检查而去记录台账的现象。比如集中突击，套话连篇是这些台账的共同特点。翻阅这些台账，很少有字迹工整，没有涂改的地方。有的台账字迹龙飞凤舞，不看内容，第一印象就不舒服。再看内容，要么照抄材料；要么自己凭主观杜撰。有点真实性，字迹工整的台账，简直是凤毛麟角。这是错误的。如果我们不把安全管理台账当作一回事，台账的管理工作就不可能抓好，安全台账流于形式也就不足为奇了。对此，我们要严格管理安全台账，认真填写，防范弄虚作假，养成认真细致的安全作风。

此外，在工作中，我们还要认真做好安全日志。安全日志是安全员在一天中执行安全管理工作情况的记录，是分析研究安全管理的参考资料，也是发生安全生产事故后，可追溯检查的最具可靠性和权威性的原始记录之一，是认定责任的重要的书证之一。"志"的本义是指记载的文字。安全日志就是每天进行书面记录所形成的一本资料，它记载着每天发生的与安全有关的有记述价值的事情。

安全日志是一种记录。它主要记录的是现场已经发生的违章操作、违章指挥、安全问题和隐患，并对发现的问题进行处理的记录。安全日志是一种证据。它是设备设施是否进行了进场验收、安全质检人员是否对现场安全隐患进行检查的证明。安全日志是安全生产过程的最详尽的第一手资料。它可以准确、真实、细微地反映出安全情况。安全日志可以起到文件接口的作用，并可以用于追溯出一些其他文件中未体现的事情,将来有可能成为判别事情真相的依据。

安全日志记载的内容可分为三个方面:基本内容、施工内容、主要记事。基本内容包括了日期、星期、天气的填写。施工内容包括了施工的分项名称、层段位置、工作班组、工作人数及进度情况。主要记事包括了巡检(发现安全事故隐患、违章指挥、违章操作等)情况;设施用品进场记录(数量、产地、标号、牌号、合格证份数等);设施验收情况;设备设施、施工用电、防护情况;违章操作、事故隐患(或未遂事故)发生的原因、处理意见和处理方法;其他特殊情况。安全日志记录人员要重视安全日志的填写,为企业的安全生产管理工作尽一份力量。

在安全管理中,我们可以利用安全日志,把安全工作做细做实。一般来说,容易出现隐患的人和事总是有规律可循的,这些地方是我们安全关注的重点。有的人视而不见,或者对违章者轻描淡写地说几句就算了,以致引不起违章者足够重视,仍然我行我素。有的虽也对违章者不满,但碍于情面也不好讲什么。如果我们把这些表现或违章现象记录在安全日志里,通过学习安全日志,让职工知道什么是违章操作、什么是违章指挥、哪些职工对违章现象提出了批评、哪些职工对违章现象视而不见,之后再找违章的人谈话,那么违章者便赖不了账,而且更有针对性,容易让他们接受。

5. 安全生产挂嘴上,不如现场跑几趟

安全是做出来的,不是吹出来的。因此,安全工作需要踏实勤快,不能只动嘴不动腿。现在有些年轻人谈到踏实勤快,谈虎色变,避之唯

恐不及。其实，这种观念是极其错误的。

在安全工作上，我们要勤跑基层，勤跑现场，经常深入车间、班组和技改工地，不怕日晒雨淋，不怕跑痛腿、磨破鞋。贪图安逸、经常坐在办公室里是发现不了安全隐患的。只有把问题和隐患发现在一线、解决在基层和现场，反复抓，抓反复，才能不断夯实安全管理基础。

☆☆☆

一次，美国通用电气公司首席执行官杰克·韦尔奇应邀到我国讲课。一些企业管理人员听完课后，感到有些失望，便问："您讲的那些内容，我们也差不多知道，可为什么我们之间的差距那么大呢？"杰克·韦尔奇回答说："那是因为你们仅仅是知道了，而我却做到了。"

☆☆☆

对于员工而言，安全是做出来的，行为决定安全，人的因素占有特殊的位置。一些人在安全上，热衷于上传下达，讲得多，做得少，最终只会害了自己。因此，在安全上要让员工养成良好的习惯就要多做少说，多到一线基层。

安全作风要实实在在，落实到具体行动上，不求"形"，只重"实"。从会议、文件、考察等形式主义中解脱出来，多想对策，埋头苦干，下真功才会有实效。在安全工作上懒惰，最终受伤的还是自己。只有时时刻刻把安全放在心中，将安全责任落实到行动中，才能养成好的安全习惯，杜绝事故。

☆☆☆

当年三峡工程质检专家组组长潘家铮院士率队深入三峡工地一线了解施工质量。此前一日，潘家铮院士听汇报、查资料、跑现场，已忙碌了一天。天气很热，稍稍活动一下就会出汗。在右岸地下电站进水洞施工现场，"这个部位您还看吗？"当有人问潘院士时，已78岁高龄的老人家坚定地回答："看。"大家注意到，潘院士额头上已冒出了细密的汗珠。

第五章 抓好安全细节，养成认真细致的安全作风

"这是三七八联营总公司承担施工任务的厂房部位，"穿过长长的安全通道，潘院士来到了密匝匝的钢筋丛林里。"这个部位是在 3 月那场大雪时浇筑的，不知什么原因，出了一点小问题。您看，就是那儿。"顺着三七八联营总公司蒋小平手指的方向看去，潘家铮院士脸色凝重起来。"走，看看去。""那儿钢筋太密不好走，您就别下去了。"潘院士一声不答，就自顾自地向那个地方走去。记者看到，在不到一平方米的钢筋丛林里，他蹲下身子，和三个人挤在一起用手在混凝土上比比画画。据了解，质检专家中年龄最高者已达 84 岁，但是从没有人因年事已高而省去到现场勘察这一环节。

☆☆☆

安全工作是一项科学性、系统性、长期性、连续性的工作，必须真抓实干。如果抓安全仅有唱功没有做功，只有表面上的激情而没有内化于行为的求实精神，只能是形式主义的空谈，最终要受到客观规律的惩罚。"安全生产挂嘴上，不如现场跑几趟。"当前，安全生产形势严峻。如果只是坐机关、开会议、发材料，就会滋生侥幸心理和麻痹思想，有无漏洞、怎么补、谁来补，都成了一句空话。因此，安全政策的落实、再落实，需要跑，需要在现场，需要在一线。

☆☆☆

李平是一家大型滑雪娱乐公司的普通修理工。这家滑雪娱乐公司是全国首家引进人工造雪机在坡地上造雪的大型公司。一天深夜，李平照例出去巡视，突然看见有一台造雪机喷出的不是雪而是水。凭着工作经验，李平知道这种现象是由于造雪机的水量控制开关和水泵水压开关不协调而导致的。他急忙跑到水泵坑边，用手电筒一照，发现坑里的水已经快漫到动力电源的开关口，若不赶快采取措施，将会发生动力电缆短路的问题。这种情况一旦发生，将会给公司带来严重损失，甚至可能伤及许多人的性命。一想到这里，李平不顾个人安危，毅然跳

入水泵坑中，控制住了水泵阀门，防止了水的溢出。随后他又绞尽脑汁，把坑里的水排尽，重新启动造雪机开始造雪。当同事们闻讯赶过来帮忙时，李平已经把问题处理妥当。但由于长时间在冷水中工作，他已经冻得走不动了。闻讯赶来的老总派人连夜把李平送入医院，才使他转危为安。李平出院后，老总马上将他提拔为公司的副经理，负责公司的安全事务。

☆☆☆

在战斗中，最容易出现危险的地方是第一线，最容易发现危险的也是第一线。同样，在企业中，最容易出现危机和发现危机的也是在我们具体的工作中。因此，做好现场管理工作是保证安全生产的一大法宝。所以，不论何时何地，主动勤快是安全管理上的好习惯。什么事情一旦养成了习惯就很难改。从另一方面也可以说，安全好习惯让人一生平安。安全好习惯要求所有员工必须对自己的行为负责。据研究，96%的安全事故是由不安全行为造成的，只有4%是由不安全的环境条件造成的。所以，一切行为都必须建立在安全习惯之上。安全好习惯体现了对人的生命权的尊重和对安全的负责精神。当主动保障安全成为你的工作习惯时，一切危机将于无形中得到化解。

6. 发扬创新精神，解决安全难题

创新精神要具有能够综合运用已有的知识、信息、技能和方法，提出新方法、新观点的思维能力和进行发明创造、改革、革新的智慧。创新精神是一个国家和民族发展的不竭动力，也是一个现代人应该具备的素质。在安全工作中，总会不可避免地遭遇到各种问题的困扰。因此，

第五章 抓好安全细节，养成认真细致的安全作风

我们非常需要发扬创新精神，解决安全难题。

说起创新，或许有人认为创新很神秘，创新是专家、技术人员干的事儿，觉得自己又不是搞技术的，做的工作普通又平凡，没有创新的可能，根本沾不上"创新"的边。其实，创新不仅仅是科研领域、科技人员的专利。创新可以是对工作的改进，可以是对效益的提升。即便是普通员工，平凡岗位，因为身处一线，对设备、生产等各种情况十分熟悉，实践经验丰富，同样有着自身的创新优势。也有人认为，自己从事的工作比较简单，不具备高技术性的特点，可创新的地方不多。这种观点也过于偏颇。创新能否成功，不在于是否简单，而在于它有没有价值，对公司发展有没有帮助。

创新并不是高不可攀的事，每个人都有创新的能力。在每一个领域、每一种工作中，创新都可以大有可为。创新不在于工作的性质、职务的高低、岗位的差别，而在于对工作的热爱，在于有没有立足岗位创新的志向？能不能把你从事的工作钻透？肯不肯花大力气去研究？

☆☆☆

在休闲活动走向惊险刺激的潮流之下，许多人选择了跳伞训练来挑战自己的胆识。就在一次例行的业余跳伞训练中，学员们由教练引导，背着降落伞鱼贯登上运输机，准备进行高空跳伞。

突然，不知哪个学员一声惊叫，随着这一声叫声，大家才发现，竟然有一位盲人，带着他的导盲犬，正随着大家一起登机。更令人惊异的是，这位盲人和导盲犬的背上，也和大伙儿一样，有着一具降落伞。

飞机起飞之后，所有参加这次跳伞训练的学员们都围着那位盲人，七嘴八舌地问他，为什么要参加这一次的跳伞训练。

其中一名学员问道："你根本看不到东西，怎么能够跳伞呢？"

让安全成为一种习惯

盲人轻松地回答道："那有什么困难的？等飞机到了预定的高度，开始跳伞的警示广播响起，我只要抱着我的导盲犬，跟着你们一起排队往外跳，不就行了？"

另一名学员接着问道："那……你怎么知道什么时候该拉开降落伞？"

盲人答道："那更简单，教练不是教过？跳出去之后，从一数到五，我自然就会把导盲犬和我自己身上的降落伞拉开，只要我不结巴，就不会有危险啊！"

又有人问："可是……落地时呢？跳伞最危险的地方，就在落地那一刻，你又该怎么办？"

盲人胸有成竹地笑道："这还不容易，只要等到我的导盲犬吓得歇斯底里地乱叫，同时手中的绳索变轻的刹那，我就做好标准的落地动作，不就安全了？"

跳伞活动结束以后，盲人和所有学员一样，安全顺利地抵达了地面。

☆☆☆

盲人不能跳伞，因为他的眼睛看不见。许多人都认为这是想当然的事情。其实只要创造一些条件，盲人照样可以跳伞。天下没有绝对正确的法则，也没有所谓的标准答案，凡事都想当然，就很容易让思想僵化。许多事情看似不可能，其实是被常规束缚。打破常规，许多不可能就会变为可能。当然，要摆脱和突破常规思考法的束缚，常常需要付出极大的努力。因此，在安全工作上创新不能总是按老规矩、老观念、老习惯、老脑筋去办，而是要"变"，变则通，不变则永远不通。我们要敢于打破常规，试着以一种独特的视角去思考问题，摆脱固有模式。只有转变现有的观念，创新工作思路，改变束缚，才能更好地开展安全工作。

☆☆☆

小李是某煤机集团机械加工车间车工组组长。他在平时工作中从不计较个人得失，分内的工作他都事先想到，多次超额

第五章 抓好安全细节，养成认真细致的安全作风

完成车间班产量，全年完成加工工时在班组和车间内名列前茅。有一次，他操作的 2.5 米立车承担了一项生产任务，加工件在机床上车大 R 弧。由于机床本身加工能力的限制，根本无法按期完成。小李便同技术人员一起，通过分析机床各种走刀方式的轨迹、各种刀具切削力的大小、各种传动机构的适用性，并结合以往的车工工作经验，利用蜗轮蜗杆传动减速比大、运转平稳的特性，自制成本低廉的机床附件，通过有效配置，实现了车刀的动态曲线车削运动，从而巧妙地实现了高精度圆弧自动车削。既保证了安全操作，又提升了产品质量和生产效率。

☆☆☆

安全工作不可能一帆风顺，总会遇到一些难以解决的问题，这个时候，我们就要开拓思路、打破束缚。充分运用所学的知识和工作经验，积极思考如何打开工作局面。企业在发展过程中都会不断地出现问题，"出现问题—解决问题"是企业的常态。因此，在安全工作中，我们要培养勇于创新的习惯，解决工作中的安全难题。

第六章

清查安全隐患,做好安全事故的应急与自救

"隐患潜伏,事故难除"是对安全隐患的深刻总结。一个小隐患经过连锁反应可能会造成一次大事故。因此,在安全问题上,任何麻痹和对隐患的忽视都会带来难以想象的后果。只有深入作业现场,严格检查作业过程中的每道工序、每个细节,不放过任何蛛丝马迹,发现隐患立刻整改,才能杜绝安全事故,保障我们的安全。

让安全成为一种习惯

1. 警钟长鸣,重视事故苗头的预防

安全事故是指生产经营单位在生产经营活动(包括与生产经营有关的活动)中突然发生的,伤害人身安全和健康,或者损坏设备设施,或者造成经济损失的,导致原生产经营活动(包括与生产经营活动有关的活动)暂时中止或永远终止的意外事件。安全事故具有破坏性、非正常性。防范事故的有效方法,就是重视事故苗头的预防,把事故消灭在萌芽状态,不能等到付出了生命的代价、有了血的教训后再去改进工作。

在安全生产过程中,事故的发生都是有各种原因的,但在事故发生前都会有各种预兆,正如一个人在生病前,必然先有各种症状,如"发热""身体不适"等预兆。事故也是如此,每发生一项重大事故前必然暗藏着许多事故苗头。

中国古代有这样一个故事。临近黄河岸边有一片村庄,为了防止水患,农民们筑起了坚固的长堤。一天,有个老农偶尔发现蚂蚁窝一下子猛增了许多。老农心想:"这些蚂蚁窝究竟会不会影响长堤的安全呢?"他要回村去报告,路上遇见了他的儿子。老农的儿子听后不以为然地说:"那么坚固的长堤,还害怕几个小小蚂蚁窝吗?"随即拉着老农一起下田了。当天晚上风雨交加,黄河水暴涨。刚一开始咆哮的河水从蚂蚁窝不停渗透,没过多久就开始喷射,终于冲决长堤,淹没了沿岸的大片村庄和田野。

第六章 清查安全隐患，做好安全事故的应急与自救

这就是"千里之堤，毁于蚁穴"的由来。蚁穴就是事故的苗头，企业中的各种"小苗头"其实就是企业安全管理中的一个个定时炸弹，是安全生产的大敌。放过一个苗头，等于埋下一枚炸弹，要预防事故，必须先解决安全隐患，否则，事故难以阻止。

在安全生产中，苗头是事故的前兆和信号，它们之间并没有一条不可逾越的鸿沟。出现苗头若不及时消除，就可能演变成事故。因此，我们要善于通过苗头看事故，通过苗头查问题、找漏洞。只有这样，方能做到将安全问题止于未发，防患于未然。

某地曾发生一起贸然下舱导致沼气中毒死亡事件。事发前，船主杨某某购买了一条陈旧的渔轮，几天来，杨某某带领船工把旧渔船的设施进行了收拾改造。事发之日，杨某某让新雇来的几名渔工清理甲板下舱。

当渔工们打开舱盖，一股冲鼻的霉味扑面而来，但是他们没有对这一安全隐患认真检查就下舱了，结果第一个下去的何某刚到舱底就感到窒息，头晕目眩，倒在渔网堆上。第二个下去的张某没等拉上何某就扑倒在地，张某的哥哥急了，不听劝阻也跳了下去救人，结果最终他们三个都没有上来。当120救援人员将三人救上来时，他们都已中毒身亡。

经调查，发现这条渔轮因长期停用无人收拾，底舱堆积了大量以前用过的水下养殖网具，这些网具长满贝壳海藻等污垢，因长时间堆积在密不透气的底舱中，产生了很多沼气，充满了舱内。这些下舱的工作人员没有认真检查就贸然下去，致使他们纷纷中毒身亡。

"事故之前有征兆，征兆之前有苗头。"很多危险，或者很多事故的发生并不是没有征兆，只是这些警示往往被人们忽略、轻视，甚至拒绝。然而，你忽视危险，危险就会主动找上门。因此，我们要深刻认识

让安全成为一种习惯

到:重视事故苗头的分析,是消除事故的科学态度。有的人对事故苗头采取无所谓的态度,或者认为发生事故苗头没有伤人而麻痹大意。如果采取这种态度,那么本身就孕育着重大事故的先兆。所以,我们应当重视事故苗头的分析,识别危险苗头,着力排查、消除所有事故隐患,从而实现安全管理的终极目标——安全。

安全隐患之所以叫隐患,当然是因为它以隐蔽性为主要特点,并以安全状态为假象,因而常常不被人们关注。细观身边的事故,我们不难发现,在事故发生之前都有隐患存在,很多时候事故都给我们做了提醒,但由于我们不把这些隐患、提醒当回事,置若罔闻,不予理睬,或者敷衍了事,草草对付,最终导致了灾难。因此,防止事故发生,必须从发现事故苗头抓起,把事故苗头当事故处理,把好源头关口,掐掉事故苗头。下面是一些岗位的事故苗头预防要点,供大家学习参考。

(1) 机械伤害事故预防要点

机械伤害事故是人们在操作或使用机械过程中因机械故障或操作人员的不安全行为等原因造成的伤害事故。发生事故以后,受伤者轻则皮肉损伤,重则伤筋动骨、断肢致残,甚至危及生命。预防机械伤害应从以下几方面入手。

①检查机械设备是否按有关安全要求,装设了合理、可靠又不影响操作的安全装置。

②检查零部件是否有磨损严重、报废和安装松动等迹象,发现后应及时更换、修理,防止设备带病运行。

③检查电线是否破损,设备的接零或接地等设施是否齐全、可靠。

④检查电气设备是否有带电部分外露现象,发现后应及时采取防护措施。

⑤检查重要的手柄的定位及锁紧装置是否可靠,发现问题及时修理。

⑥检查脚踏开关是否有防护罩或藏入机身的凹入部分内,如果没

第六章 清查安全隐患,做好安全事故的应急与自救

有,应改正以后才能操作。

⑦操作人员在操作时应按规定穿戴劳动防护用品,机器加工严禁戴手套操作,留长发人员应戴工作帽,且长发不得露出帽外。

⑧操作设备前应先空车运转,确认正常后再投入运行。

⑨刀具、工夹具以及工件都要装卡牢固,不得松动。

⑩不得随意拆除机械设备的安全装置。

⑪机械设备在运转时,严禁用手调整、测量工件或进行润滑、清扫杂物等。

⑫机械设备运转时,操作者不得离开工作岗位。

⑬工作结束后,应关闭开关,把刀具、工夹具和工件从工作位置退出,并清理好工作场地,将零件、工夹具等摆放整齐,保持好机械设备的清洁卫生。

(2)触电事故预防要点

触电事故是指操作人员身体接触高压或低压带电设备或导线。

①电气操作属特种作业,操作人员必须经培训合格,持证上岗。

②车间内的电气设备,不得随便乱动。如果电气设备出了故障,应请电工修理,不得擅自修理,更不得带故障运行。

③经常接触和使用的配电箱、配电板、闸刀开关、按钮开关、插座、插销以及导线等,必须保持完好,不得有破损或带电部分裸露现象。

④在操作闸刀开关、磁力开关时,必须将盖盖好。

⑤电气设备的外壳应按有关安全规程进行防护性接地或接零。

⑥使用手电钻、电砂轮等手用电动工具时,必须安设漏电保护器,同时工具的金属外壳应防护接地或接零;若使用单相手用电动工具时,其导线、插销、插座应符合单相三眼的要求;使用三相的手动电动工具,其导线、插销、插座应符合三相四眼的要求;操作时应戴好绝缘手套、站在绝缘板上;不得将工件等重物压在导线上,以防止轧断导线发

生触电。

⑦使用的行灯要有良好的绝缘手柄和金属护罩。

⑧在进行电气作业时，要严格遵守安全操作规程，遇到不清楚或不懂的事情，切不可不懂装懂，盲目乱动。

⑨一般禁止使用临时线。必须使用时，应经过机动部门或安技部门批准，并采取安全防范措施，要按规定时间拆除。

⑩移动某些非固定安装的电气设备，如电风扇、照明灯、电焊机等，必须先切断电源。

⑪在雷雨天，不可靠近高压电杆、铁塔、避雷针的接地导线20米以内，以免发生跨步电压触电。

⑫发生电气火灾时，应立即切断电源，用黄沙、二氧化碳、四氯化碳等灭火器材灭火。切不可用水或泡沫灭火器灭火。

⑬打扫卫生、擦拭设备时，严禁用水冲洗或用湿布去擦拭电气设备，以防发生短路和触电事故。

⑭建筑行业用电，必须遵守《施工现场临时用电安全技术规范》。

（3）物体打击事故预防要点

物体打击伤害往往表现为飞出或弹出的物体，如工具、工件、零件等对人员造成的伤害。为了预防物体打击事故，可从以下几方面入手。

①牢固树立不伤害他人和自我保护的安全意识。

②高处作业时，禁止乱扔物料，清理楼内的物料应设溜槽或使用垃圾桶。手持工具和零星物料应随手放在工具袋内，安装更换玻璃要有防止玻璃坠落措施，严禁乱扔碎玻璃。

③吊运大件要使用有防止脱钩装置的钓钩和卡环，吊运小件要使用吊笼或吊斗，吊运长件要绑牢。

④高处作业时，对斜道、过桥、跳板要明确有人负责维修、清理，不得存放杂物。

⑤严禁操作带病设备。

第六章　清查安全隐患，做好安全事故的应急与自救

⑥排除设备故障或清理卡料前，必须停机。

⑦放炮作业前，人员要隐蔽在安全可靠处，无关人员严禁进入作业区。

（4）起重伤害事故预防要点

预防起重机伤害事故，要做到以下几点。

①起重作业人员须经有资格的培训单位培训并考试合格，才能持证上岗。

②起重作业人员在操作前应检查起重机械的安全装置，如起重量限制器、行制器、过卷扬限制器、电气防护性接零装置、端部止挡、缓冲器、联锁装置、夹轨钳、信号装置等是否齐全可靠，否则不准进行操作。

③平时应严格检验和修理起重机机件，如钢丝绳、链条、吊钩、吊环和滚筒等，发现报废的应立即更换。

④建立健全维护保养、定期检验、交接班制度和安全操作规程。

⑤起重机运行时，任何人不准上下；也不能在运行中检修；上下吊车要走专用梯子。

⑥起重机的悬臂能够伸到的区域不得站人；电磁起重机的工作范围内不得有人。

⑦吊运物品时，吊物不得从人头上过；吊物上不准站人；不能对吊挂着的东西进行加工。

⑧起吊的东西不能在空中长时间停留，特殊情况下应采取安全保护措施。

⑨起重机驾驶人员接班时，应对制动器、吊钩、钢丝绳和安全装置进行检查，发现性能不正常时，应在操作前将故障排除。

⑩开车前必须先打铃或报警，操作中接近人时，也应给予持续铃声或报警。按指挥信号操作，对紧急停车信号，不论任何人发出，都应立即执行。

⑪确认起重机上无人时，才能闭合主电源进行操作。

⑫工作中突然遭遇断电时，应将所有控制器手柄扳回零位；重新工作前，应检查起重机是否工作正常。

⑬在轨道上露天作业的起重机，当工作结束时，应将起重机锚定住；当风力大于6级时，一般应停止工作，并将起重机锚定住；对于门座起重机等在沿海工作的起重机，当风力大于7级时，应停止工作，并将起重机锚定住。

⑭当司机维护保养时，应切断主电源，并挂上标志牌或加锁。如有未消除的故障，应通知接班的司机。

（5）车辆运输伤害事故预防措施

①车辆驾驶人员必须经有资格的培训单位培训并考试合格后方可持证上岗。

②人员通过路口时，必须做到"一慢二看三通过"，一定要先瞭望，在没有危险时才能通过。

③不可在铁路专用线上行走，更不可推车行走；严禁从列车下面通过。

④定期检查车辆的各种机构零件是否符合技术规范和安全要求，严禁带故障运行。

⑤汽车的行驶速度在出入厂区大门时，时速不得超过5公里；在厂区道路上行驶，时速不得超过20公里。

⑥装卸货物时不得超载、超高。

⑦装载货物的车辆，随车人员应坐在指定的安全地点，不得站在车门踏板上，也不得坐在车厢侧板上或坐在驾驶室顶上。

⑧电瓶车在进入厂房内，装载易燃易爆、有毒有害物品时严禁乘人。

⑨铲车在行驶时，无论空载还是重载，其车铲距地面不得小于300毫米，但也不得高于500毫米。

⑩严禁任何人站在车铲或车铲的货物上随车行驶，也不得站在铲车车门上随车行驶。

第六章　清查安全隐患，做好安全事故的应急与自救

⑪严禁驾驶员酒后驾车、疲劳驾车、非驾驶员驾车、争道抢行等违章行为。

⑫在厂区内骑自行车时，严禁带人、双撒把或速度过快，更不得与机动车辆抢道争快；在厂房内严禁骑自行车。

(6) 高处坠落事故预防要点

高处坠落事故是指在高处作业中发生坠落造成的伤亡事故。高处作业指在坠落基准面 2 米以上的高处进行的作业。预防高处坠落事故要注意以下几点。

①熟悉高处作业的作业方法，掌握技术知识，执行安全操作规程。作业时要指定专人进行现场监护。

②禁止患有高血压、心脏病、癫痫病等禁忌病症的人员和孕妇从事高处作业。

③高处作业时要系好安全带，戴好安全帽，不准穿硬底鞋，以防滑倒导致坠落事故。

④作业前要检查护栏、架板是否牢固，有洞口的地方要盖好，在较危险的部位应在下方装设平网。

⑤做好楼梯口、电梯口、预留洞口和出入口的"四口"防护。

⑥在建筑施工中做好"五临边"的防护工作，"五临边"是指尚未安装栏杆的阳台周边，无外架防护的屋面周边，框架工程楼层周边，上下跑道、斜道、两侧边，卸料平台的外侧边等。

⑦在恶劣天气中（指六级以上强风、大雨、大雪、大雾），禁止从事露天高处作业。

(7) 火灾事故预防要点

防火工作是企业安全生产的一项重要内容，一旦发生火灾事故，往往造成巨大的财产损失或人员伤亡。预防发生火灾事故应从以下几个方面入手。

①不得随便进入易燃易爆场所，如油库、气瓶站、煤气站和锅炉房

等工厂要害区域。

②在火灾爆炸危险较大的厂房内，应尽量避免明火及焊割作业，最好将检修的设备或管段拆卸到安全地点检修。如必须在原地检修，应按照动火的有关规定进行，必要时还需请消防队进行现场监护。

③在积存有可燃气体或蒸汽的管沟、下水道、深坑、死角等处动火时，必须经处理和检验，确认无火灾危险时，方可按规定动火。

④进行道生炉、熬炼设备的操作，要坚守岗位，防止烟道窜火和熬锅破漏。同时熬炼设备必须设置在安全地点作业并有专人值守。

⑤火灾爆炸危险场所应禁止使用明火烘烤结冰管道设备，宜采用蒸汽、热水等化冰解堵。

⑥对于混合接触能发生反应而导致自燃的物质，严禁混存混运；对于吸水易引起自燃或自然发热的物质应保持使用贮存环境干燥；对于容易在空气中剧烈氧化放热自燃的物质，应密闭储存或浸在相适应的中性液体（如水、煤油等）中储放，避免与空气接触。

⑦进入易燃易爆场所进行操作的人员必须穿戴防静电服装鞋帽，严禁穿钉子鞋、化纤衣物进入，操作中严防铁器撞击地面。

⑧在存放可燃物时必须与高温器具、设备的表面保持有足够的防火间距，不宜在高温表面附近堆放可燃物。

⑨处置熔渣、炉渣等高热物时应防止落入可燃物中。

⑩应掌握各种灭火器材的使用方法。不能用水扑灭碱金属、金属碳化物、氢化物火灾，因为这些物质遇水后会发生剧烈化学反应，并产生大量可燃气体、释放大量的热，使火灾进一步扩大。

⑪不能用水扑灭电气火灾，因为水可以导电，容易发生触电事故；也不能用水扑灭比水轻的油类火灾，因为油浮在水面上，反而容易使火势蔓延。

⑫钢铁水泄露发生火灾，不可用水扑灭，因为高温金属液遇水会发生爆炸。

(8) 爆炸事故预防要点

爆炸事故发生的时间往往很短,使得在发生爆炸前几乎没有逃离和疏散的机会,因而容易造成较严重的伤亡事故。因此,对容易发生爆炸事故的场所进行重点监控并采取预防措施,是预防爆炸事故的重要手段。

①采取监测措施,当发现空气中的可燃气体、蒸汽或粉尘浓度达到危险值时,就应采取适当的安全防护措施。

②在有火灾、爆炸危险的车间内,应尽量避免焊接作业,进行焊接作业的地点必须要和易燃易爆的生产设备保持一定的安全距离。

③如需对生产、盛装易燃物料的设备和管道进行动火作业时,应严格执行隔绝、置换、清洗、动火分析等有关规定,确保动火作业的安全。

④在有火灾、爆炸危险的场合,汽车、拖拉机的排气管上要安火星熄灭器。

⑤搬运盛有可燃气体或易燃液体的容器、气瓶时要轻拿轻放,严禁抛掷,防止相互撞击。

⑥进入易燃易爆车间应穿防静电的工作服,不准穿带钉子的鞋。

⑦对于物质本身具有自燃能力的油脂、遇空气能自燃的物质以及遇水能燃烧爆炸的物质,应采取隔绝空气、防水、防潮或采取通风、散热、降温等措施,以防止物质自燃和爆炸。

⑧不能混合存放相互接触会引起爆炸的物质;遇酸、碱有可能发生分解爆炸的物质应避免与酸碱接触,对机械作用较为敏感的物质要轻拿轻放。

⑨防止生产过程中易燃易爆物的跑、冒、滴、漏,以防扩散到空间而引起火灾爆炸事故。

⑩锅炉操作人员必须经过有资格的培训单位培训并考试合格,取得操作证以后方可进行锅炉操作。

⑪锅炉、压力容器在使用前应检查安全阀、压力表、液位计等安全装置是否完好，否则不准使用；严禁超温超压运行。

⑫废旧金属在进入冶炼炉以前必须经过检查，清除里面可能混进的爆炸物。

⑬经常保持金属冶炼、浇注场地干燥，不能有积水，以防高温金属液泄漏发生爆炸。

(9) 坍塌事故预防要点

坍塌事故是指物体在外力和重力的作用下，超过自身的极限强度的破坏成因，结构稳定失衡塌落而造成物体高处坠落、物体打击、挤压伤害及窒息等事故。这类事故因塌落物重量大、作用范围大，往往伤害人员多、后果严重，常造成重大或特大人身伤亡事故。

①挖土方时，发现边坡附近土体出现裂纹、掉土及塌方险情时，应立即停止作业，下方人员要迅速撤离危险地段，查明原因后，再决定是否继续作业。

②加强对脚手架的日常检查维护，重点检查架体基础变化，各种支撑及结构的受力情况。

③当脚手架的前部基础沉陷或施工需要掏空时，应根据具体情况采取加固措施。

④当隐患危及架体稳定时，应立即停止使用，并制订针对性措施，限期加固处理。

⑤在支搭与拆除作业过程中要严格按规定和工作顺序进行。

(10) 冒顶事故预防要点

冒顶事故是井下矿山生产中发生的顶板冒落的事故，是对矿工人身安全健康威胁最大的灾害之一。据统计，在全国矿山每年因工死亡人数中，有40%是死于冒顶片帮事故，因此，加强对冒顶事故的预防具有十分重要的意义。

①识别冒顶事故发生前的征兆，并采取相应的防范措施，是预防冒

顶事故的方法。冒顶前的征兆主要有以下方面。

A. 回采工作面冒顶前的征兆

顶板连续发生断裂声，采空区内顶板发出闷雷声；

顶板掉渣增多，裂缝增加，裂缝口变大。顶板下沉量明显增大；

电钻打眼变得省力，这是因为冒顶前顶板压力增加，煤壁受压，片帮增多，煤壁被压疏，因而导致机械设备工作时负荷减小；

工作面的木支架发生折断，可听到支架折断的声音，如底板岩性松软或分层开采支柱在煤层上，则支柱的下缩量增加；

瓦斯涌出量或淋水量增加。

B. 局部冒顶前的征兆

顶板岩石已有裂缝和缺口，其中小矸石稍受震动就掉落或有掉渣现象；

支架受力大，发出声响，金属支架活柱下降；

支架棚在支柱上错偏，棚梁上有声响，煤壁大片脱落片帮。

②对回采工作面的冒顶事故应重点预防。

A. 应根据顶板岩石性质及岩石移动规律，选择正确的支架形式。

B. 当矿层倾角不大，顶板破碎而且压力较大时，宜采用横板棚子。当煤层倾角较大时，宜采用顺板棚子。

C. 回采工作面必须平整，不得留有伞檐和松动煤块。

D. 工作面和支架以及溜子都要尽量保持直线，而且必须及时支架。

E. 在打眼、放炮、割煤、移溜子等作业中碰到被损坏的支架必须及时修复，移溜子头时拆除支架的地点，必须及时加设临时点柱。

F. 支架要架设牢固，禁止在浮煤上架设。

(11) 中毒窒息事故预防要点

当人体在有窒息性气体环境中时，窒息性气体导致人体呼吸系统终止呼吸而造成的伤亡事故就是中毒窒息事故。预防中毒窒息事故应根据环境中可能存在的窒息性气体的种类采取相应的预防措施。通常，预防中毒窒息事故应从以下几个方面入手。

①预防一氧化碳中毒

A.冬天屋内生煤炉取暖必须使用烟囱,使"煤气"能够顺利排到室外。

B.在产生一氧化碳的场所应经常测定空气中的一氧化碳浓度或设立一氧化碳警报器和红外线一氧化碳自动记录仪,监测一氧化碳浓度变化。

C.进行煤气生产时应定期检修煤气发生炉和管道及煤气水封设备,防止一氧化碳泄漏。

D.生产场所应加强自然通风,产生一氧化碳的生产过程要加强密闭通风;矿井放炮后必须通风20分钟以后,方可进入生产现场。

E.进入一氧化碳浓度大的场所工作时,须戴防毒面具;操作后,应立即离开,并适当休息;作业时最好多人同时工作,便于发生意外时互救。

②预防氮氧化物中毒

A.酸洗设备及硝化反应锅应尽可能密闭并加强通风排毒。

B.定期维修设备,防止毒气泄漏。

C.加强个体防护,进入氮氧化物浓度较高的场所工作时应戴防毒面具。

③预防氯中毒

A.严守安全操作规程,防止跑、冒、滴、漏,保持管道负压。

B.排放含氯废气前须经石灰净化处理。

C.检修或现场抢救时必须戴防护面具。

④预防氢氰酸中毒

A.加强密闭通风。

B.严格遵守安全操作规程。如氰化物的保管、使用和运输应有专人负责;建立严格的专用制度;用氰化物熏仓库时要防止门窗漏气,并

第六章 清查安全隐患,做好安全事故的应急与自救

须经充分通风方可进入。

C.加强个体防护。应配备防护服、手套、防毒口罩(药用炭滤料)或供氧式防毒面具;车间应配备洗手、更衣设备以及急救药品。

D.操作工人在就业前应进行体检,上岗后还应定期体检。

⑤预防硫化氢中毒

A.改进工艺,减少硫化物的用量。

B.加强设备的密闭、通风,经常测定车间硫化氢的浓度。

C.排放硫化氢以前,应采取净化措施。

D.加强个体防护。进入具有硫化氢中毒危险的场所时,应先对环境毒情进行检测,并采取通风置换、戴防毒面具等措施。进入井、坑作业,应带好和拴牢安全带,佩戴氧气呼吸器面具,使用信号联系,并有专人监护。

E.在有硫化氢的生产中,要按工艺严格操作,防止失控。

F.有神经、呼吸系统疾患,眼睛等器官有明显疾患者,不应从事硫化氢的作业。

2.防微杜渐,认真检查安全隐患

安全隐患是安全生产的天敌。安全隐患是指作业场所、设备及设施的不安全状态,人的不安全行为和管理上的缺陷,是引发安全事故的直接原因。预防事故的关键就是查找和治理隐患,不放过任何微小的漏洞和不足,确保作业人员的安全。事故发生后组织开展抢险救灾,依法追究责任,深刻吸取教训,固然十分重要,但对于生命个体而言,伤亡一旦发生,就不可改变。因此,实现安全生产最关键、最重要的策略,是

让安全成为一种习惯

要从预防入手,防微杜渐,认真检查安全隐患。这也正是"安全第一,预防为主"原则的具体体现,是安全工作的重心所在。只有认真排查隐患,有效防范事故,才能养成安全好习惯。

☆☆☆

1939年6月1日,号称当时世界最先进的英国皇家海军T级潜艇"西提斯"号前往利物浦湾开始其处女航,以便进行最后的潜航试验。驶出利物浦港一个小时后,由于压舱物过轻,首次下潜失败。艇长下令打开鱼雷发射管的内层盖子,以便海水部分涌入增加潜艇的重量。然而,内层盖子一打开,数百吨的海水顿时涌入潜艇的第一、第二间隔舱。重量激增的潜艇随即一头朝下,迅速沉入海底,此后再也未能浮起。"西提斯"失事,艇上人员除4人成功逃生外其余99人全部丧生海底。

调查事故原因时人们发现,原来早在"西提斯"号出海前数周,一名造船厂的油漆工在给鱼雷发射管刷油漆时,不慎让一滴油漆渗漏,粘住了一个用于防止事故发生的安全测试阀门,导致鱼雷发射管外层的盖子一直处于打开状态。艇长在不知情的情况下下令打开内层盖子后,鱼雷发射管的里外双层盖子便同时处于打开状态,无遮无挡的海水汹涌而入,导致了灾难的发生。

☆☆☆

预防事故千万不能放过隐患。如果当时能仔细地检查一遍所有的设备或是认真地演习一次,这样的悲剧或许就不会发生。但是,安全没有如果。可见,要真正防范事故,就一定不能放过任何细小的安全漏洞,哪怕是微不足道的小事情,也绝不能放过。要找到并消除隐患,就要求我们每一位员工都要重视安全细节,练就一副洞察隐患的"火眼金睛",才能把事故隐患暴露在光天化日之下,并坚决果断地消灭它。

企业安全把好预防事故这道关,就要利用各种形式查找存在的隐

第六章 清查安全隐患,做好安全事故的应急与自救

患,这些隐患包括我们思想意识上的隐患、工作态度上的隐患、生产系统中的隐患、工作岗位上的隐患等,每一种查出来的隐患都要尽快整改、处理和消除。比如有一些职工历来遵守岗位纪律,偶尔一次值班中脱岗了几分钟,而事故恰恰发生了。事后,当事者说:"真想不到,脱岗那么一会儿,就偏偏出了事。""想不到"就是安全生产最大的隐患——思想意识上的隐患。因为岗位操作规程、岗位责任制、劳动纪律都是经过长期的工作实践积累总结出来的,是安全生产的法宝。干工作凭侥幸,难免不出事故,就难免有"想不到"的感叹,而往往等想到、认识到的时候,后悔也晚了。

☆☆☆

某公司曾发生一起废弃物焚烧锅炉沼气爆燃事故,致使锅炉两侧部分保温材料脱落,幸好没有造成人员伤亡。当天,锅炉炉膛温度仅有82℃(安全操作规程规定,炉膛温度低于600℃时不得向炉膛内供沼气)。锅炉操作工郑某看到炉膛温度偏低,于是想通过点燃沼气加热的方式来升高炉膛温度。在郑某违规向炉膛内输送沼气时,安全联锁装置没有报警,导致这一违章行为没有引起郑某的重视。由于炉膛内温度过低,沼气在炉膛内未能及时被点燃,在与空气混合达到爆燃极限后爆燃。

此次事故的发生在此前就埋下了伏笔。当时,该公司技术人员对锅炉的安全联锁装置进行了技术改造,但未对安全联锁装置设定严格的拆除权限。车间主操作人员误认为可以随意拆除安全联锁装置。在实际操作中,只要压力、温度及流量等稍不正常,安全联锁装置就会报警,影响生产进度。该车间主操作人员私自拆除了安全联锁装置。安全联锁装置被拆除,操作工无法及时发现异常情况,这是导致事故发生的主要原因。操作工未熟练掌握废弃物焚烧锅炉相关安全生产常识、操作要

领，没有及时发现锅炉存在的隐患，是导致事故发生的直接原因。

☆☆☆～～～～～～～～～～～～～～～～～～

隐患无大小，小隐患也可能酿成大事故。即使隐患再小，隐藏得再深，就是用放大镜也要把它找出来，不让这小小的隐患酿成大的灾难。现在的企业生产经营中，最大的安全隐患恰恰存在于那些看起来危害性很小、事实上却非常大的事情上。

安全工作其实是由许多细节和一件件小事组成的。面对千变万化的细节小事，再好的预设也不能预见工作可能出现的所有情况。因此，我们员工无论做什么事情，万万不可忽视隐患。只有做到面面俱到，不怕重复，不怕啰唆，对涉及安全的每一个点、线、面的各项安全制度，都落实到位，才能彻底消除盲点死角，消除安全隐患。否则就有可能付出极其惨痛的代价。

3. 拒绝拖延，发现安全隐患及时消除

安全工作中有一句谚语：有隐患不一定出事故，出事故背后一定有隐患。告诫人们预防事故要从消除隐患做起。大量案例表明：只要有隐患存在，发生事故的危险性就是客观存在的。一些隐患已经发生，但一直没有发生事故，主要是因为具有相互依赖性的隐患条件在这期间一直没有出现，客观存在的隐患不能发挥作用。但只要隐患还存在，发生事故只是时间长短问题。因此，我们必须及时行动，清除隐患，不可拖延。拖延隐患，必有后患。

第六章 清查安全隐患,做好安全事故的应急与自救

一则寓言故事讲:有两只同住在一个窝里的乌鸦兄弟,有一天,它们住的窝破了一个洞。老大想,老二会去修的;老二想,老大会去修的,结果谁也没有去修。后来洞越来越大了,老大想,这下老二一定会去修了,难道窝这样破了,它还能住吗?老二想,这下老大一定会去修了,难道窝这样破了,它还能住吗?结果又是谁也没有去修。一直到了寒冷的冬天,北风呼呼地刮着,大雪纷纷地飘落。乌鸦兄弟俩都蜷缩在破窝里,结果,窝被风吹到地上,两只乌鸦都冻死了。

这个故事警示我们对发现的安全隐患一定要想方设法及时排除,决不能推诿扯皮,否则就会发生不可预料的后果!安全工作不能等待。因此,别把安全隐患留给明天。现在就干起来,以后才不会后悔。员工要明白拖延是一种坏习惯,也是一种缺点。在安全工作中,要想一直走在别人的前面,就不要等待。如果你一味地拖延,把今日的事拖到明天,再把明天的事拖到明天的明天,一旦出现什么变故,你将难以应对。

某航空公司飞机执行航班飞行任务。8时13分由西安咸阳机场起飞,8时23分,飞机在空中解体,坠毁在距离咸阳机场49公里处。机上人员160名,其中旅客146名(外籍及境外旅客13名)、机组人员14名全部遇难。

当日,该航空公司李刚强机组驾驶飞机执行航班任务。机组开车前、开车后、滑行中、起飞前按检查单进行了检查。该机于8时13分由咸阳机场起飞。离地24秒后,机组报告飞机发生飘摆。飞行员用额定马力保持400公里/小时速度上升。8时16分24秒报告飞机以20°的坡度来回飘摆;8时16分58秒报告以30°的坡度飘摆;8时17分06秒报告机组两个人都保持不住,采取了短时接通自动驾驶仪等方法进行处理,但仍不

让安全成为一种习惯

能稳住飞机。飞行轨迹向右做不规则的转弯。8时22分27秒,飞机速度380公里/小时,迎角20°,出现失速警告,之后,飞机突然向左滚转并下俯,俯仰角由0°下俯到-65°,左倾斜角超过66.8°,速度达到747公里/小时,出现超速警告,在12秒钟内,气压高度由4717米下降到2884米,最大法向过载达2.7克,最大侧向过载达1.4克,飞机航向由250°左转到110°,8时22分42秒,高度为2884米,飞机空中开始解体,坠毁在距咸阳机场140°方位,49公里处。

事后查明,隐患来自于插错了插头。飞机之所以操纵性异常,是因为地面维修人员在更换故障部件时,犯下了这个很小而又极其愚蠢的错误。因为小小的隐患没有排查,没有治理,结果160人无辜丧生。

我们处理安全工作必须迅速及时,决不能推,更不能拖。安全隐患犹如纸中之火,随时可能燃烧。在对待安全隐患的整治上,绝不允许有半点的懈怠、拖拉和延误,更不允许存在任何侥幸心理。对于安全排查中发现的隐患我们要立即整改,杜绝危险,不可拖延。拖延一个安全漏洞,等于埋下一枚炸弹,而消除一个漏洞就等于拆除一颗定时炸弹。

安全工作需要把隐患消除在今天。如果安全隐患得不到及时消除,就可能将小问题、小隐患拖成大问题、大隐患,最终酿成安全事故。剖析各类事故发生的原因,许多就是"小隐患"拖成"大隐患"造成的,教训不可谓不深刻。对此,我们一定要增强安全隐患整治的责任感和紧迫感,一旦查出隐患,立即上手,尽全力、以最快速度进行整治,最大限度地消除安全生产中的问题和隐患。一些单位在检查中发现安全隐患,向责任部门填发了限期整改通知书。因为是限期整改,于是,相关部门和人员便心照不宣,玩起了"太极",并不急于整改。还有的职工在对待安全问题上,总是把"明天再说"当成了口头禅,认为问题不大,用不着马上纠正，拖一拖不会出什么大事。却不想，一旦出事就晚了。

　　安全工作如果没有时间限定，就如同开了一张空头支票。只有懂得用时间给自己压力，到时才能完成。只要我们在工作中努力做到发现安全隐患马上处理，每天都坚持完成当日的工作，我们不仅会按时完成任务，而且心理上会感觉很轻松。因此，在安全方面不要给自己任何借口将今日之事拖到明天！我们应立即消除隐患解决问题，这才是真正负责的态度。反之，对隐患不重视不解决，拖拖拉拉，就会出现大问题。

4. 人人负责，积极举报安全隐患

　　安全不是某一个人的问题，而是你中有我，我中有你，是一个上下关联、环环相扣的链，是一张错综复杂、紧密相连的网。因此，在工作中需要人人讲安全。只有人人都负责，积极举报安全隐患，企业的安全才有保证。

　　　　　　有一家企业，最近频频出现产品不合格的问题，于是管理者聚集在一起，探讨解决方法。最后，他们提出了一种前所未有的方法来解决产品的质量安全问题。

　　　　　　这个方法就是推行上下工序的索赔制度，简单说就是，当一道工序出现问题的时候，处于这一工序的员工有权向上一道工序的员工追究责任，直到找到问题为止。所以，每一道工序的员工都有责任去监督上一道工序的质量问题。为保证这一制度的顺利进行，企业还专门成立了以工人为主题的索赔仲裁委员会，专门处理员工的责任纠纷问题，到最后，70%的纠纷都

让安全成为一种习惯

由员工自己处理了。

从这个故事中,我们可以看到,每一个岗位都不是独立存在的,都是与上下左右的责任关联者构成相互的责任承担。一个人是否有责任心,不仅影响到个人的成长和成功,而且还会影响到企业的命运,甚至其他人的命运,许多大的安全事故基本都是由于责任心的缺失而造成的,只有每个人都负责,才能消除安全隐患。

某市报道了这样一则新闻:工业区一楼厂房突然"起火"。当消防队员欲进入该厂灭火时,发现厂房的门锁住了,但是厂房的员工都在外面看热闹,没人去开大铁门。消防人员立即向他们请求帮助,但员工们无动于衷,无一人愿意来打开厂门。消防人员无奈之下只得绕到该厂房的后方去查看火情,看到凶猛的大火从该公司厂房四楼后面窗户呼呼地蹿出来,便迅速用水炮"地对空"压制火势向旁边蔓延。后来,火越来越大,厂门才被打开。消防人员一边深入浓烟翻滚的车间内灭火,一边组织人员多次进厂搜救,并让厂方清点人数。在此过程中,该厂许多早已慌作一团的员工,面对消防人员有关火场情况的提问,却都回答说"不清楚、不知道"。幸运的是,因车间内易燃物不太多,火势并不是很大,未造成人员死亡和重大财产损失。

经过一番调查,这场火灾是由于员工操作不当引起的。火烧起来后,企业员工既没有去报警,也没有采取措施救火,而是任由火势蔓延。等到企业老板赶来时,现场已是一片狼藉。

在场的员工有他们的理由:"我只是一个普通员工,我能怎么样?再说起火了,也不能怨我呀!"

显然,这个理由是不成立的。安全责任是每一个人的责任,没有大

第六章 清查安全隐患，做好安全事故的应急与自救

小之分，即使你是一个普通员工，但你对于你工作的整个组织或者团队都承担着责任。一颗钉子足以倾覆一列火车，一个烟头足以毁掉一片森林，一个隐患足以酿成一次事故。忽视安全，漠视责任，就会为此付出巨大的代价。安全是人类永恒的主题，勇敢地承担起自己的责任，不推诿、不扯皮，重视隐患排查，才能筑起安全责任的大堤。如果每个人都能承担起自己应当承担的责任，提高自己的安全意识，就可以避免惨剧的发生。

在这方面，我国为建立安全生产事故隐患治理长期有效机制，强化安全生产主体责任，加强事故隐患监督管理、预防和减少生产安全事故，在安全排查中需要重大隐患挂牌督办，全过程进行公示。

在安全上，重大事故隐患督办制度，是有明文规定的安全管理制度。我国法律规定事故隐患分为一般事故隐患和重大事故隐患（重大事故隐患分为一、二、三级）。一般事故隐患，是指危害和整改难度较小，发现后能够立即整改排除的隐患。一级重大事故隐患是指可能造成30人以上（含30人，下同）死亡，或者100人以上重伤，或者1亿元以上直接经济损失，或可能造成重大社会影响，后果特别严重，需全部停产停业整治，且整改难度很大的事故隐患。二级重大事故隐患是指可能造成10人以上30人以下死亡，或者50人以上100人以下重伤，或者5000万元以上1亿元以下直接经济损失，且整改难度很大，需全部停产停业，经过一段时间整改治理方能排除的隐患。或者因外部因素影响致使生产经营单位自身难以排除的隐患。三级重大事故隐患是指可能造成10人以下死亡，或者10人以上50人以下重伤（包括急性工业中毒，下同），或者1000万元以上5000万元以下直接经济损失，且整改难度较大，需局部停产停业，经过一定时间整改治理方能排除的隐患。凡列入一、二、三级重大事故隐患，一律实行重大事故隐患整改挂牌督办制度。

一般隐患应公示隐患检查时间、隐患内容、隐患地点、整改要求、

整改责任人、整改期限、是否按要求整改完毕等。重大隐患除上述公示内容外，还需公示是否停工整改、是否制订整改方案、安全保障措施等，并应在排查或检查发现后进行公示，主动接受员工监督，及时公开重大隐患的治理情况。

重大隐患挂牌督办公示表明，安全要靠我们大家齐心协力才能实现。我们大家要在各自的任务岗位上，建立安全第一的思想，排查隐患，严格把关，竭尽全力把事故消灭在萌芽状态，才能为我们的安全事业发展增光添彩！

5. 未雨绸缪，做好安全事故应急预案

古人云："居安思危，有备无患。"在安全事故隐患排查工作中，我们要多往坏处想，养成常敲警钟的好习惯。只有做到这一点，我们的安全工作才能做好。因此，我们要未雨绸缪，建立完善的事故应急预案，做好安全事故应急演练，这也是保障员工安全的有效途径。

安全应急预案是为了规范企业安全生产事故应急管理，提高处置安全生产事故能力，在事故发生后，能迅速有效、有序地实施应急救援，保障员工和顾客生命和财产安全，减少损失的重要方式。"预防为主"是安全生产的原则，然而无论预防措施如何周密，事故和灾害总是难以根本杜绝，为了避免或减少事故和灾害所造成的损失，事故隐患排查必须高度重视应急预案的制订。

编制应急预案有以下原则要求。

第一，应急预案要有很强的针对性，主要是应对那些可能造成企业、系统人员死亡或严重伤害、设备和环境受到严重破坏的突发性灾

第六章 清查安全隐患，做好安全事故的应急与自救

害，比如火灾、爆炸、危房倒塌、毒气泄漏等。这就需要我们在对现场系统全面了解的情况下制订防范措施，明确企业主要隐患的基本状况，比如主要针对燃、爆、危房进行重点监控，另对毒气泄漏、机械伤害、粉尘危害、噪声与振动危害等进行定期治理，也就是说需辨识其主要的隐患点或主要的危险源单元。如易燃、易爆物质，应详细说明其物质构成和数量，以及闪点、爆炸上下限等有关燃烧爆炸的理化参数。

第二，应急预案是对日常安全管理工作的必要补充，应以完善的预防措施为基础，体现"安全第一、预防为主"的方针。特别需要注意应急装备的设置：一是报警系统，主要有火灾报警装置（火灾探测器、火灾控制器等），气体和粉尘爆炸监测报警装置（爆炸性气体监测装置、报警断电仪、遥测报警仪、爆炸性粉尘监测装置等）及毒气泄漏报警仪等；二是救护人员的装备，主要有救护人员的头盔、防护服、防护靴、呼吸保护器具及安全带、绳等主要装备；三是消防器材，主要指灭火剂、灭火器、专用消防车及简易灭火工具等；四是救生器材，主要指自动苏生器、自救器等；五是救灾通信联络设备，应急预案应考虑到原有通信系统破坏时，采用的应急通信联络工具。所以制订应急预案时，应根据企业的情况，选配以上各种应急装备，加强装备的选购、设置、贮备的管理，使装备处于完好、足量、有效、可靠、启用方便、操作简单、不易破坏和标志明显的状态。应急预案应以努力保护人身安全、防止人员伤害为第一目的，同时兼顾设备和环境的防护，尽量减少灾害的损失程度。

第三，应急预案应结合实际，措施明确具体，具有很强的可操作性。这就对应急措施的制订提出了很高的要求，最重要的一点就是可操作性强。这其中就包括事故发生后应采取的应急处理措施，人员紧急疏散、撤离，危险区的隔离与现场保护，受伤人员现场救护、救治与医院救治。迅速查清事故发生的位置、环境、规模及可能产生的危害，及时沟通应急领导机构、应急队伍、辅助人员及灾害区内部人员。快速组织

启动各类应急设施，调动应急人员奔赴事故现场。迅速组织医疗、后勤、保卫等部门各司其职。迅速通报灾情，通知相关方做好必要的准备工作。保护或设置好避灾通道和安全联络设备。撤离灾区人员，划清警戒范围并实施警戒。采取必要的自救措施，力争迅速消灭灾害，并注意采取隔离灾区的措施，转移事故现场附近易引起灾害蔓延的设备和物品，撤离或保护好贵重物品，尽量减少损失，对现场进行安全检查，防止死灰复燃。保护好现场，为开展事故调查做好准备。

第四，应急预案应经常检查修订，以保证先进科学的防灾、减灾设备和措施被采用。安全生产事故灾难善后处置工作结束后，现场应急救援指挥部分析总结应急救援经验教训，提出改进应急救援工作的建议，完成应急救援总结报告并及时上报。

应急预案的制订，应根据危险分析和应急能力评估的结果，确定最佳的应急策略，缜密周全，翔实具体，将可预见的危险和漏洞都解决和处理好，使预案更加科学和具有可操作性。这要求加强对应急培训工作的组织和指导，通过开展有针对性的培训活动，让救援指挥人员能力得到锻炼和提高。血的教训证明，安全应急培训要人人参加，安全第一的思想要人人都有。否则，就意味着安全工作存在致命的死角。

因此，应急预案中要重视应急培训。应急培训一方面要发挥企业领导的作用，切实管好干部。各级领导要带头做遵守安全规定的模范，不能只当裁判员，不当运动员，只知道对员工、下属指手画脚，而不注意审视自己；另一方面不能忽视零散人员的教育，零散人员如后勤、门卫等人员。因其工作的特殊性，使其往往不能同企业主体活动保持一致，我们在开展安全教育时要切实做到不漏掉一人，不能及时参加的要认真补课。

应急培训的基本内容有：①报警；②疏散；③火灾应急培训；④不同水平应急培训；⑤基础训练：包括队列训练、体能训练、防护装备和通信设备的使用训练等，目的是使应急人员具备良好的战斗意志和作风，熟练掌握个人防护装备的穿戴，通信设备的使用；⑥专业训练：包括专业常识、堵源技术、抢运和清理消毒，以及现场急救等技术。通过训练使救援队伍掌握一定的专业救援技术。通过训练，能使各级指挥员和救援人员具备良好的组织指挥能力和实际应变能力。

此外，为进一步提高事故的应对处置能力，降低造成的伤亡和损失，还要建立应急救援队伍。应急救援队伍主要由综合应急救援队伍、专业应急救援队伍和辅助应急救援队伍组成。

综合应急救援队伍的主要职责是建立健全突发事件应急救援协作机制，组织应急救援联合训练、演练，完善预警联动机制和应急救援现场工作机制，除承担消防工作以外，还承担综合应急救援任务，包括地震等自然灾害，建筑施工、道路交通、空难等生产安全事故，恐怖袭击、群众遇险等社会安全事件的抢险救援任务，同时协助有关专业队伍做好抢险救援工作。专业应急救援队伍依托专家建设，积极参与各类突发事件的防范和应对，提出对策建议。辅助应急救援队伍依托单位群防群治队伍和志愿者等力量组建。这样，才能高效处置现场突发情况，加强应急处置能力。

6. 学些急救知识，让生命多一份保障

所谓现场急救，是指现场工作人员因意外事故或急症，在未获得医疗救助之前，为防止病情恶化而对患者采取的一系列急救措施。现场抢救的宗旨是借助综合措施通过人工的方法使伤员迅速得到气体交换和重新形成血液循环，恢复全身组织细胞的氧供给，保护脑组织，继而恢复伤员的自动心跳和自动呼吸，把伤员从死亡状态拯救出来，让生命多一份保障。

让安全成为一种习惯

日前,一则不幸的消息引发人们的关注:张北县一名7岁女童因药片卡入气管而不幸殒命。花朵般的生命永远地离开,让人倍感痛心。痛定思痛,此次事件,暴露出的是普通大众甚至有些专业人士在急救知识、急救技能方面的欠缺。假如在女童被药片卡入气管的危急时刻,能及时通过拍背法、催吐法、"海姆立克急救法"(救护者从后方抱住患儿腰部,用双手反复顶压其上腹部,以形成冲击气流,把异物冲出)等科学方式对其进行施救,也许能够为治疗争取到一些宝贵时间。

险情的发生可不仅仅局限于急病急症,生活中人们难免会遇到各种突发情况。如果第一时间开展科学有效的救援,往往能够为遇险者重获生命赢得可能。然而,在现实生活中,遇到险情能不乱不惧且可以给予科学处理的人却是少之又少。于是险情发生时,很多人只能干着急,甚至胡乱处理,不仅救不了遇险者,还给自身造成了危险。因此,每个人都应掌握一些科学的急救技能,在紧要关头派上用场,为自己以及他人的生命赢得更多保障。

在安全工作中,现场急救的内容包括现场评估、判断病情、紧急呼救、自救与互救、心肺复苏术、外伤现场急救基本技术(止血、包扎、固定、搬运)以及常见内科急症、常见意外伤害、常见急性中毒、灾难及公共卫生事件等现场急救。如流血不止,昏迷及呼吸心搏跳骤停,溺水,烧烫伤,外伤缝合,骨折固定及伤员搬运,触电,食物中毒,急性传染病,眼内异物,动物、昆虫的咬伤,硫化氢中毒,高寒冻伤,化学药品灼伤等。

在企业安全培训时要加强对员工现场急救技能的培训,增强员工应对处置急救现场的能力,更好地保障员工生命安全。

第七章

增强安全防护,把职业危害降到最低

做好安全防护,不出工伤事故。一个单位的安全生产是要通过员工的劳动来实现的,员工既是生产实践的主体,又是事故危害的对象。因此,增强和规范员工的安全防护意识,主动实施各项防护措施,不断提高员工的安全防护能力,是企业安全工作的主题,也是员工安全维权、生命维权的重要体现。

1. 定期身体检查，预防职业病

职业病是指企业、事业单位和个体经济组织的劳动者在职业活动中，因接触粉尘、放射性物质和其他有毒、有害物质等因素而引起的疾病。

在安全生产中，职业危害因素是造成职业病的原因。职业危害是指在生产劳动过程及其环境中产生或存在的，对职业人群的健康、安全和作业能力可能造成不良影响的一切要素或条件的总称。2015年发布的新版《职业病危害因素分类目录》，将主要的职业危害因素分为6类。

①粉尘类；

②化学物质类；

③物理因素；

④放射性物质类（电离辐射）；

⑤生物因素；

⑥其他因素。

随着经济建设的发展，职业病的种类越来越多，各种形式的职业危害日趋严重，职业病发病率呈上升趋势。职业病严重地危害员工的身体健康，同时也危害着社会的稳定，给国家、社会、企业、家庭、个人带来沉重的经济负担。为此，员工在岗位工作中要定期进行职业健康检查，预防职业病的发生。

职业健康检查是职业健康监护的一个组成部分，职业健康检查分为上岗前检查、在岗期间定期检查、离岗时检查、离岗后医学随访和应急健康检查五类。

(1) 上岗前检查

上岗前健康检查的主要目的是发现有无职业禁忌证,建立接触职业病危害因素人员的基础健康档案。上岗前健康检查均为强制性职业健康检查,应在开始从事有害作业前完成。下列人员应进行上岗前健康检查。

①拟从事接触职业病危害因素作业的新录用人员,包括转岗到该类作业岗位的人员;

②拟从事有特殊健康要求作业的人员,如高处作业、电工作业、职业机动车驾驶作业等。

(2) 在岗期间定期健康检查

长期从事规定的需要开展健康监护的职业病危害因素作业的员工,应进行在岗期间的定期健康检查。定期健康检查的目的主要是早期发现职业病患者或疑似职业病患者或劳动者的其他健康异常改变;及时发现有职业禁忌证的劳动者。

(3) 离岗时健康检查

员工在准备调离或脱离所从事的职业病危害的作业或岗位前,应进行离岗时健康检查;主要目的是确定其在停止接触职业病危害因素时的健康状况。

(4) 离岗后医学随访检查

如员工接触的职业病危害因素对健康具有慢性影响,或发病有较长的潜伏期,在脱离接触后仍有可能发生职业病,需进行医学随访检查。

(5) 应急检查

当员工发生急性职业病危害事故时,应及时组织健康检查。依据检查结果和现场劳动卫生学调查,确定危害因素,为急救和治疗提供依据,控制职业病危害的继续蔓延和发展。应急健康检查应在事故发生后立即开始。

在安全防护上，职业健康检查，在预防职业病中起重要作用。2017年第三次修订后的《中华人民共和国职业病防治法》规定，对从事接触职业病危害的劳动者，用人单位应当按照国务院安全监督管理部门、卫生行政部门的规定组织上岗前、在岗期间和离岗时的职业健康检查，并将检查结果书面告知劳动者。

此外，由于职业病易防不易治，所以广大员工应该根据自己的职业特点，积极防范职业病，掌握预防相关职业病的方法。这需要重视职业病的防治工作，采取综合性措施，控制和消除生产有害因素。

预防职业病的主要措施有以下方面。

第一，大搞技术革新、改革生产工艺如以无毒或低毒的物质代替有毒或剧毒的物质；如以低噪声设备代替高噪声设备等。生产过程实现机械化、自动化，从而减少工人与有害因素接触的机会。

第二，采取通风法、排毒、降噪、隔离等技术性措施来降低或消除生产性有害因素。

第三，加强生产设备的管理，防止毒物跑、冒、滴、漏污染环境。

第四，对新建、改建、扩建和技术改造项目进行"三同时"审查，确保这些项目完成后有害因素的浓度或强度可以达到国家标准。

第五，制订并严格遵守安全操作规程，防止发生意外事故。

第六，加强个人防护，养成良好的卫生习惯，防止有害物质进入体内。

第七，合理安排休息制度，注意营养，增强机体对有害物质的抵抗能力。

第八，对接触生产性有害作业的工人，进行就业前体格检查和定期体格检查，及早发现禁忌证及职业病患者，及早进行治疗。

第九，根据国家制定的一系列卫生标准，定期检测作业环境中生产性有害因素的浓度或强度，及时发现问题，及时解决。

总之，对于我们每个人来说，防病胜于治病，预防胜于治疗。每年定期体检，全面了解自己的身体状况，做好职业病预防，才能拥有一个好身体，才能让自己的生活更安全幸福。

2.防范工业毒物，小心职业中毒

工业毒物是以原料、半成品、成品、副产品或废弃物存在于工业生产中的少量进入人体后，能与人体发生化学或物理化学作用，破坏正常生理功能，引起功能障碍、疾病甚至死亡的化学物质。

工业毒物可按多种方法进行分类。

①按化学结构分类，如金属、醇、酮等；

②按用途分类，如农药、有机溶剂等；

③按毒害作用分类。又可按其作用的性质和损害的器官或系统加以区分。作用的性质可分为：刺激性、窒息性、麻醉性、溶血性、腐蚀性、致敏性、致癌性、致畸胎性等。

按损害的器官或系统则可分为：神经毒性、肝脏毒性、血液毒性、肾脏毒性、全身毒性等。有的工业毒物主要有一种作用；有的具有多种作用。

采用常用的毒物分类方法，即主要按毒害作用的性质和化学结构的方法可分为以下类别：

①刺激性气体；

②窒息性气体；

③金属、类金属及其化合物；

④有机化合物；

⑤高分子化合物生产中的毒物。

让安全成为一种习惯

工业毒物对人体的危害极强，工业毒物常以烟、尘、雾、气体或蒸气的形式存在于生产场所的空气中，经呼吸道、消化道、皮肤或黏膜进入人体。经呼吸道进入人体引起的中毒较为多见，其次是经皮肤引起者。有些毒物，如三硝基甲苯、农药等，可经皮肤被吸收。生产条件下，经消化道引起的中毒较少，一般是由意外（如经口吸入或用被污染手拿取食物和吸烟）导致的。毒物进入人体后，随血液或淋巴分布到全身，当达到一定浓度时就会引起全身中毒。这种情况我们称之为职业中毒。

☆☆☆

小吴在一家知名的电子制造企业打工，他负责喷涂一种金属材料，每天在车间工作十几个小时。小吴说，有的工友干了两三个月就感到"不舒服"辞工了，而他也是频频咳嗽。但是小吴以为自己只是患上了感冒，仗着年轻身体好，硬是"撑"了一年半。直到小吴出现了严重的咳嗽、气喘，并伴有持续性的发烧，才住院进行治疗。医院CT检查发现，小吴的肺部全是白色的粉尘颗粒。医生取小吴肺部组织活检寻找病因，发现在患者的肺泡里有像牛奶一样的乳白色液体。医生将从患者肺部找到的白色粉尘颗粒送到实验室进行分析检测，检测报告显示，主要成分除了氧化硅和氧化铝外，还有毒性极强的重金属元素。这重金属元素正是制作电子器件的原料，小吴由于长期接触而中毒。

☆☆☆

职业中毒是指劳动者在生产劳动过程中由于接触生产性毒物引起的中毒。生产性毒物是指生产过程中产生的，存在于工作环境空气中的毒物。由于生产性毒物的毒性、接触时间和接触浓度、个体差异等因素的不同，职业中毒可分为三种类型。

①急性中毒：指毒物一次或短时间内（几分钟或数小时）大量进入人体后所引起的中毒。如急性苯中毒等。

②慢性中毒：指毒物少量长期进入人体后所引起的中毒。如慢性铅中毒等。

③亚急性中毒：指发病情况介于急性中毒和慢性中毒之间，如亚急性铅中毒。

由于毒物本身的毒性、毒作用特点、接触剂量等各不相同，职业中毒的临床表现各异，可累及全身各个系统，出现多个脏器损害，同一毒物可累及不同的靶器官，不同毒物可损害同一靶器官而出现相同或类似症状。

①神经系统表现：慢性轻度中毒早期多有类神经症，甚至精神障碍，脱离接触后可逐渐恢复。有些毒物可损害运动神经的神经肌肉接点，产生感觉和运动神经损害的周围神经病变。有的毒物可损伤锥体外系，出现肌张力增高、震颤麻痹等症状。铅、汞、窒息性气体、有机磷农药等严重中毒可引起中毒性脑病和脑水肿。

②呼吸系统表现：可引起气管炎、支气管炎、化学性肺炎、化学性肺水肿、成人呼吸窘迫综合征、吸入性肺炎、过敏性哮喘、呼吸道肿瘤等。

③血液系统表现：可引起造血功能抑制、血细胞损害、血红蛋白变性、出凝血机制障碍、急性溶血、白血病、碳氧血红蛋白血症等。

④消化系统表现：可引起口腔炎、急性胃肠炎、慢性中毒性肝病、腹绞痛等。

⑤泌尿系统表现：可引起急性中毒性肾病、慢性中毒性肾病、泌尿系统肿瘤、及其他中毒性泌尿系统疾病、化学性膀胱炎等。

⑥循环系统表现：可引起急慢性心肌损害、心律失常、房室传导阻滞、肺源性心脏病、心肌病和血压异常等。

⑦生殖系统表现：毒物对生殖系统的毒性作用包括对接触者本人和对其子女发育过程的不良影响，即所谓生殖毒性和发育毒性。

⑧皮肤表现：可引起光敏感性皮炎、接触性皮炎、职业性痤疮、皮

肤黑变病等。

职业中毒一般属于法定职业病。病人依法享受国家规定的职业病待遇，诊断时应结合职业史、病史、临床检查、现场劳动卫生学调查和实验室检查等方面的材料，进行综合分析，并要做好鉴别诊断。为防止职业中毒发生，在安全防护上可采取如下措施。

第一，改革工艺技术，提高生产过程机械化和自动化程度；用无毒或低毒物质代替有毒或高毒物质；提高生产过程中的密闭程度和生产场所的通风，严格防止跑、冒、滴、漏现象。

第二，采用防护器材，如在毒物浓度比较高的特殊环境中，可使用防毒面具等。

第三，对工厂加强卫生监督，对工人进行安全操作教育，严防意外事故发生。

第四，从事接触工业毒物作业的工人要进行就业前体检和定期检查，及时发现就业禁忌证及毒物吸收状态，根据情况采取有效的防护措施。

第五，对于毒物作业工人，提供保健膳食，以增强身体的抵抗力，保护易受毒物损害的器官。

3. 重视粉尘防护，预防尘肺病

尘肺属法定职业病，必须经国家指定机构诊断才有效。患尘肺病早期可无临床症状，部分患者有胸闷、咳嗽、咳痰，随上述症状加重并有气紧气喘、呼吸困难、晚期可并发肺气肿及肺心病。

尘肺大多数是由于工作环境的问题导致的。工作环境的恶劣、粉尘

第七章 增强安全防护，把职业危害降到最低

等都是引起尘肺的罪魁祸首。生产性粉尘是能长时间悬浮在空气中的固体微粒。在矿山开采、凿岩、爆破、运输、矿石破碎、筛分、配料、冶炼、水晶宝石加工过程中均可有大批粉尘外逸。长期吸入生产性粉尘可引起呼吸系统的各种疾病，如尘肺、粉尘性支气管炎、肺炎、鼻炎等。

粉尘对人体的危害水平取决于其化学成分和浓度。粉尘中游离二氧化硅含量愈高，对人体伤害愈大。粉尘浓度愈高，对人体危害愈重大。另外粉尘对人体的损害还与其被粉碎的程度即疏散度有关，粒径较小和颗粒愈多，分散度愈高，在空气中浮游的时间愈长，被人体吸入的机遇就愈多，其危害也就愈大。

预防尘肺的主要办法就是采取个人防护措施，正确选用呼吸防护的器具。呼吸防护器具按防护原理主要分为过滤式和隔绝式。过滤式呼吸防护用品是依据过滤吸收的原理，利用过滤材料滤除空气中的有毒、有害物质，将受污染空气转变为清洁空气供人员呼吸的一类呼吸防护用品。如防尘口罩、防毒口罩和过滤式防毒面具。隔绝式呼吸防护用品是依据隔绝的原理，使人员呼吸器官、眼睛和面部与外界受污染空气隔绝，依靠自身携带的气源或靠导气管引入受污染环境以外的洁净空气为气源供气，保障人员正常呼吸的呼吸防护用品，也称为隔绝式防毒面具、生氧式防毒面具、长管呼吸器及潜水面具等。过滤式呼吸防护用品的使用要受环境的限制，当环境中存在着过滤材料不能滤除的有害物质，或氧气含量低于18%，或有毒有害物质浓度较高（>1%）时均不能使用，这种环境下应用隔绝式呼吸防护用品。

小周和小何进了某市一家机械厂，都在翻砂车间当学徒。两人都是二十多岁的小伙子，经常在一起工作，就像一对亲兄弟。两个人也有不同的地方，小周干什么都有条有理，又喜欢讲究个人卫生。上班时穿的工作服总是整整齐齐，领口扎得严严实实，一进入车间工作岗位就戴上防尘口罩，夏天也是如

让安全成为一种习惯

此,一年到头都坚持这么做。而小何呢？总认为自己年轻,体质好,平时大大咧咧,毫不在乎,觉得戴口罩太麻烦又闷气。这点小粉尘怕什么,何必受罪？就连厂里定期检查身体,他也觉得多余,经常借故溜走。随着时间的推移,小何变成了"大何",他时常出现干咳、胸闷、气短,吐痰也越来越多。特别是干起活来,这些症状就会加重。别人感冒他也跟着感冒,咳嗽加剧,咳痰,痰中还带有血丝。大何的体重也减轻不少,食欲下降,容貌也比同龄人看起来老多了。经医院检查,大何被大夫确认为矽肺。大何这时才傻了眼,三十多岁的人就患了矽肺。而一同进厂的小周却神饱满地在继续工作着。

☆☆☆

两个人同时进厂,最初是同样的身体素质,几年以后却是大相径庭,唯一的解释只能是个人防护没有到位。"为避免或减轻在工作中伤害事故的发生,在工作前必须穿戴好劳保用品。"这是安全工作中说得最多的一句话。可是在工作中我们常常会发现许多这样的员工:在对待安全问题上存在侥幸心理,总以为自己与事故无关,不重视个人防护。比如有记者对某工地进行工人安全防护调查,当时粉尘四散,但众多施工人员却没有一个人戴防尘口罩。记者问为什么不戴防尘口罩,施工人员说习惯了,戴不住。可见,有些人对呼吸防护安全还不重视。对此,我们要积极树立防护意识,加强自我保护。

当然,除了自我防护外,在安全预防上,我们还要采取其他措施,综合预防尘肺病。比如把生产性粉尘的发生源密闭起来。比如进行工艺技巧改革实现生产进程机械化、密闭化、主动化等。总之,尘肺病严重危害人们的身体健康。我们一定要积极预防尘肺,定期进行身体检查,发现病情,早检查早治疗。

4. 防暑降温，预防高温作业中暑

高温作业是指有高气温、或有强烈的热辐射、或伴有高空气湿度（相对湿度≥80%RH）的异常气象条件超过规定限值的作业。在高温天气期间，为防止中暑，用人单位应当根据生产特点和具体条件，采取合理安排工作时间、轮换作业、适当增加高温工作环境下劳动者的休息时间和减轻劳动强度、减少高温时段室外作业等措施，预防高温作业中暑。

常见的高温作业按其气象条件的特点分为三种类型。

第一，高温、强热辐射作业，如冶金工业的炼焦、炼铁、炼钢等车间，机械制造工业的铸造车间。

第二，高温高湿作业，如纺织印染等工厂，深井煤矿中。

第三，夏天露天作业，如建筑工地、大型体育竞赛场地建设等。

高温作业的气象条件、劳动强度、劳动时间及人体的健康状况等因素，对体温调节都有影响。高温作业时，排汗显著增加，可导致机体流失水分、氧化钠、钾、钙、镁、维生素等，如不及时补充，可导致机体严重脱水，循环衰竭，热痉挛等。高温作业时，心血管系统经常处于紧张状态，可导致血压发生变化。高血压患者随着高温作业工龄的增加而增加。高温作业可引起食欲减退，消化不良，胃肠道疾病的患病率随工龄的增加而增加。高温作业可出现中枢神经抑制，注意力、工作能力降低，易发生工伤事故。高温作业时，由于大量水分经汗腺排出，如不及时补充，可出现肾功能不全、蛋白尿等。

让安全成为一种习惯

2013年夏季,气温居高不下,某地每天的最高气温都在35℃左右。一名建筑工人因为长时间在烈日下干活,不幸中暑死亡。据医院急诊科护士介绍,当医院接到电话派救护车赶到出事工地时,这名工人躺在地上,瞳孔已经放大,心脏停止了跳动。他的身边围满了工友。急救人员赶紧疏散人群,并给这名男子进行心肺复苏,随后又送回医院抢救,但已无力回天。据医生介绍,病人去世之后,体温还非常高,在38.5℃以上,属重度中暑。而随救护车前往工地的护士也告诉记者,当时那个工地上的工人都是在室外高温下干活,他们有的裸着上身,头上也没戴帽子,没有采取任何防护措施。这种情况极易发生中暑。

我们在高温作业下可以采取如下措施预防中暑。

第一,合理布置热源,把热源放在车间外面或远离工人操作的地点,采用热压为主的自然通风,应布置在天窗下面;采用穿堂风通风的厂房,应布置在主导风向的下风侧。

第二,采取隔热措施,这是减少热辐射的一种简便有效方法。

第三,加强通风换气,加速空气对流,降低环境温度,以利于机体热量的散发。

第四,加强个人防护,合理组织生产,如穿白色、透气性好、导热系数小的帆布工作服;同时调整工作时间尽可能避开中午酷热,延长午休时间。加强个人保健,供给足够的含盐清凉饮料。

5. 保暖防寒，小心低温作业冻伤

低温作业是在低于允许温度下限的气温条件下进行作业。低温作业工作有高山高原工作、潜水员水下工作、现代化工厂的低温车间以及寒冷气候下的野外作业等。

一般工作地点平均气温等于或低于5℃的作业就称为低温作业。低温对人体的影响主要有3种情况：一是在极冷的低温下，很短时间内便会让身体组织出现冻痛、冻伤和冻僵。二是冷金属与皮肤接触时所产生的粘皮伤害，这种情况一般发生在零下10℃以下的低温环境中。三是温度虽未低到足以引起冻痛和冻伤的程度，但是由于全身性的长时间低温暴露，使人体热损失过多，深部体温（口温、肛温）下降到生理可耐限度以下，从而产生低温的不舒适症状，出现呼吸急促、心率加快、头痛、瞌睡、身体麻木等生理反应，还会出现感觉迟钝、动作反应不灵活、注意力不集中、不稳定，以及否定的情绪体验等心理反应。

低温作业人员的作业能力，会随温度的下降而明显下降。如手皮肤温度降到15.5℃时，操作功能开始受影响，降到10~12℃时触觉明显减弱，降到8℃时，即使是粗糙作业（涉及触觉敏感性的）也会感到困难，降到4~5℃时几乎完全失去触觉和知觉。即使未导致体温过低，冷暴露对脑功能也有一定影响，使注意力不集中、反应时间延长、作业失误率增多，甚至产生幻觉，对心血管系统、呼吸系统也有一定影响。

低温对人体的危害统称为冻伤。冻伤可分为全身性冻伤和局部性冻伤两类。第一类是引起局部冻伤，与人在低温环境中暴露时间长短有关；第二类是产生全身性影响。人体在低温环境暴露时间不长时，能依靠温度调节系统，使人体深部温度保持稳定。但暴露时间较长时，中心体温逐渐降低，就会出现一系列的低温症状，出现呼吸和心率加快、颤抖等，继而出现头痛等不适反应。当中心体温降到 30～33℃时，肌肉由颤抖变为僵直，失去产热的作用。长期在低温高湿条件下劳动，易引起肌痛、肌炎、神经痛、神经炎、腰痛和风湿性疾患等。

  在低温环境下工作时间过长，超过人体适应能力，体温调节功能发生障碍，则体温下降，从而影响机体功能，可能出现神经兴奋与传导能力减弱，出现痛觉迟钝和嗜睡状态。长时间低温作业可导致循环血量、白细胞和血小板减少，而引起凝血时间延长，并出现协调性降低。低温作业还可引起人体全身和局部过冷。全身过冷常出现皮肤苍白、脉搏呼吸减弱、血压下降；局部过冷最常见的是手、足、耳及面颊等外露部位发生冻伤，严重的可导致肢体坏死。

  因此，低温作业对人体的伤害是很大的，在作业时应该做好以下防护，确保工作人员的健康。比如有关行业与企业的安技部门，要注意本单位的安全生产、劳动保护规章制度中，应有相关的防冻保暖措施，做到有章可循。低温作业、冷水作业应尽可能实现自动化、机械化，避免或减少人员低温作业和冷水作业；要控制低温作业、冷水作业时间；在冬季寒冷作业场所，要有防寒采暖设备，露天作业要设防风棚、取暖棚；应选用导热系数小、吸湿性小、透气性好的材料作防寒服装；工作时，作业工人必须穿好防寒服、鞋、帽、手套等保暖用品；防寒衣物要避免潮湿，手脚不能缚得太紧，以免影响局部血液循环；冷库附近要设置更衣室、休息室，保证作业工人有足够的休息次数和休息时间，有条件的最好让作业后的工人洗热水浴。

第七章 增强安全防护，把职业危害降到最低

✿ 6. 防止噪声与振动污染对耳朵的损害

噪声是指发声体做无规则振动时发出的声音。声音由物体的振动产生，以波的形式在一定的介质（如固体、液体、气体）中进行传播。通常所说的噪声污染是人为造成的。从生理学观点来看，凡是干扰人们休息、学习和工作以及对要听的声音产生干扰的声音，即不需要的声音，统称为噪声。当噪声对人及周围环境造成不良影响时，就形成噪声污染。因此，在特殊高强度噪声环境下工作的工人，一定要佩戴符合卫生标准的个人防护用品。可以戴耳塞、耳罩，以保护自己的听力。

"现在，我一听到车间刺耳的噪声就不敢再进去。"一家家具厂的工人吴鹏一个劲地抱怨。今年39岁的吴鹏是一名木工师傅，从事家具加工已经有20多年了。虽然这么多年来，吴鹏的生活有了很大改善，但是他的身体也付出了代价。事情要从两年前说起，吴鹏所在的工厂是一家大型的家具厂，每天的工作伙伴除了木头就是电锯。"这段时间总觉得心烦意乱，一走近工厂就害怕。"吴师傅说，从前几年开始，他感觉到自己的听力有所下降，平时会感到头晕眼花，血压升高，胸口也觉得闷，所以就到医院去做了一个检查。医生在了解了他的病史后认为，吴师傅得的是"噪声综合征"，因为长期接触高强度的噪声导致身体的听觉系统、心血管系统损伤。

研究发现，噪声是通过听觉器官作用于大脑中枢神经系统，以致影响到全身各个器官，因此，噪声除了对人的听力造成损伤外，还会给人

体其他系统带来危害。由于噪声的作用,人们会产生头痛、脑涨、耳鸣、失眠、全身疲乏无力以及记忆力减退等神经衰弱症状。长期在高噪声环境下工作的人与低噪声环境下的情况相比,高血压、动脉硬化和冠心病的发病率要高2~3倍。噪声也可导致消化系统功能紊乱,引起消化不良、食欲不振、恶心呕吐,使肠胃病和溃疡病发病率升高。此外,噪声对视觉器官、内分泌功能及胎儿的正常发育等方面也会产生一定影响。在高噪声中工作和生活的人们,一般健康水平逐年下降,对疾病的抵抗力减弱,也会诱发一些疾病。因此,在噪声环境下作业的工人,应定期到有资质的医疗卫生机构进行职业健康检查。有如蝉鸣的双耳高调耳鸣,往往是耳聋开始的信号,有这种感觉的工人要及时到医院检查,争取早发现、早处理,避免听力进一步下降。

　　噪声对人体最直接的危害是听力损伤。人们在进入强噪声环境时,暴露一段时间,会感到双耳难受,甚至会出现头痛等感觉。离开噪声环境到安静的场所休息一段时间,听力就会逐渐恢复正常。这种现象叫作暂时性听阈偏移,又称听觉疲劳。但是,如果人们长期在强噪声环境下工作,听觉疲劳不能得到及时恢复,那么内耳器官会发生器质性病变,即形成永久性听阈偏移,又称噪声性耳聋。若人突然暴露于极其强烈的噪声环境中,听觉器官会发生急剧外伤,引起鼓膜破裂出血,迷路出血,螺旋器从基底膜急性剥离,可能使人耳完全失去听力,出现爆震性耳聋。如果长年无防护地在较强的噪声环境中工作,在离开噪声环境后听觉敏感性的恢复就会延长,经数小时或十几小时,听力可以恢复。这种可以恢复听力的损失称为听觉疲劳。随着听觉疲劳的加重会造成听觉功能恢复不全。因此,预防噪声性耳聋首先要防止疲劳的发生。一般情况下,85分贝以下的噪声不至于危害听觉,而85分贝以上则可能发生危险。统计表明,长期工作在90分贝以上的噪声环境中,耳聋发病率明显增加。

　　总之,噪声与振动污染对耳朵的损害很大,员工要高度重视,积极做好安全防护。

第八章

警惕网络安全，筑牢信息安全防火墙

随着信息技术在全球的发展与应用，世界正变得更"平"、更"小"，但与此同时，身处其中的企业和员工面临着各种严峻的信息安全挑战。在这种情况下，员工要积极学习网络安全知识，筑牢信息安全防火墙，培养良好的网络安全习惯。

让安全成为一种习惯

1. 聚焦网络时代，守护信息安全

现在是网络时代，信息化社会。信息作为一种资源，它的普遍性、共享性、增值性、可处理性和多效用性，使其对于人类具有特别重要的意义。信息安全管理则成为了当前全球的热门话题。

传统的信息安全着眼于常规的信息系统安全设备，诸如防火墙、VPN（虚拟专用网络）、入侵检测系统、防病毒系统、认证系统等，构成了信息安全的防护屏障。但是仅仅依靠技术保障信息安全的做法是不会达到应有效果的，"三分技术，七分管理"这个在其他领域总结出来的实践经验和原则，在信息领域也同样适用。因此，在信息安全的重要性日益突出、信息安全手段日新月异的今天，加强信息安全管理工作就显得尤为重要。

网络安全从未像今天这样距离我们如此近！比如近年来黑客利用环球银行金融电信协会（SWIFT）系统漏洞入侵了一家又一家金融机构，孟加拉央行8100万美元巨款失窃，厄瓜多尔某银行约1200万美元被盗，越南先锋银行也被曝出黑客攻击未遂，俄罗斯中央银行遭黑客攻击3100万美元不翼而飞。由此可见，网络环境的复杂性、多变性以及信息系统的脆弱性，决定了网络安全威胁的客观存在。信息安全的实质就是要保护信息系统或信息网络中的信息资源免受各种类型的威胁、干扰和破坏，即保证信息的安全性。因此对待互联网安全问题，应该像每家每户的防火防盗问题一样，做到防患于未然。

一般来说，网络安全主要威胁有以下几种形式。

(1) 网络攻击

①主动攻击：包含攻击者访问所需要信息的故意行为。

②被动攻击：主要是收集信息而不是进行访问，数据的合法用户对这种活动一点也不会觉察到。被动攻击包括：窃听——包括键击记录、网络监听、非法访问数据、获取密码文件；欺骗——包括获取口令、恶意代码、网络欺骗；拒绝服务——包括导致异常型、资源耗尽型、欺骗型。

③数据驱动攻击：包括缓冲区溢出、格式化字符串攻击、输入验证攻击、同步漏洞攻击、信任漏洞攻击。

(2) 病毒木马

木马病毒一般都是在下载安装一些不安全的软件和浏览一些不安全的网站的时候侵入到电脑中的，建议您不要浏览不安全的网站，不要安装不安全的软件。

(3) 伪基站

"伪基站"即假基站。该设备是一种高科技仪器，一般由主机和笔记本电脑组成，通过短信群发器、短信发信机等相关设备能够搜取以其为中心、一定半径范围内的手机卡信息，通过伪装成运营商的基站，任意冒用他人手机号码强行向用户手机发送诈骗、广告推销等短信息。

(4) APT 攻击

APT（Advanced Persistent Threat）意味高级持续性威胁。利用先进的攻击手段对特定目标进行长期持续性网络攻击的攻击形式。APT 攻击的原理相对于其他攻击形式更为高级和先进，其高级性主要体现在 APT 在发动攻击之前需要对攻击对象的业务流程和目标系统进行精确的收集。在此收集的过程中，此攻击会主动挖掘被攻击对象受信系统和应用程序的漏洞，利用这些漏洞组建攻击者所需的网络，并利用 0DAY 漏洞进行攻击。

(5) 无线网络

随着移动设备的爆炸式增长，各种笔记本电脑、上网本、智能手机、平板电脑都在快速融入人们的日常生活。例如咖啡厅、宾馆等公共场所提供的无线网络安全问题，也成为关注焦点。黑客可以轻易地通过公共无线网络侵入个人移动设备，获取隐私信息等。

  信息历来是一种重要的资源，保护信息的合法使用就是要解决信息安全问题。近年来，网络安全领域热点不断，黑客攻击、手机涉黄、网络诈骗……信息网络安全及其治理成为普遍关注的话题。因此，在网络运用的同时，员工要增强信息安全意识，确保信息防御措施的落实到位，高度重视网络信息安全。

2. 严格权限管理，谨守保密规定

  在信息安全上，权限管理一般指根据系统设置的安全规则或者安全策略，用户可以访问而且只能访问自己被授权的资源，不多不少。权限管理对企业的信息安全至关重要；企业商业信息对企业在市场竞争中的生存和发展有着重要影响，是企业形成和保持竞争优势的重要手段。不良的权限管理系统，必然留下系统漏洞，给黑客可乘之机。很多软件可以通过 URL 侵入、SQL 注入等模式，轻松越权获得未授权数据。甚至对系统数据进行修改、删除，造成巨大损失。因此，我们在工作中要设置安全密码，严格遵守信息权限，培养好的安全习惯。

  晓云是一家公司的白领，她每天的工作和众多的公司白领没有什么大的区别，早晨到公司打开电脑，她的电脑设有开机密码，当然这个密码没有人知道，并且她会时时更新密码，公司的文档同样设了密码，并且都有备份。在办公室，她有一个

第八章　警惕网络安全，筑牢信息安全防火墙

专用的移动硬盘，里面有着每份文件的备份。每次使用后，她都会把硬盘锁好，收好钥匙才会离开。她一旦要离开办公桌，都会将电脑上锁。上班时间里，晓云从不会浏览一些无用的网站，或者点击一些不明来历的链接，因此她的电脑是全公司最"健康"的电脑，很少被病毒侵袭。有人问晓云："干吗成天这么小心翼翼，搞得神经兮兮的，很多人不像你这样，一样没出过问题啊。"晓云答："一旦出问题，一切都晚了，损失是我无法弥补的，所以我要养成好的信息安全习惯。"

※※※

这是一个信息就可以左右企业成败的时代。这个信息在自己手里是王牌，在对手手里是炸弹。如此重要的信息，你必须高度重视。因此，在工作电脑上设置密码是为了保障您的账号安全，如果您的账号密码设置得过于简单，容易被攻击者作为攻击对象，您可以通过对密码进行安全管理，尽可能地避免这些情况发生。

密码是我们保障信息安全的加密保护措施。不过，一些公司的管理员创建账号的时候往往用公司名、计算机名做用户名，然后又把这些用户的密码设置得太简单，比如"welcome"等。因此，我们要注意密码的复杂性，还要记住经常改密码。请您使用易于自己记忆又不会被别人猜测到的字符串作为密码。为了帮助您设立易于自己记忆又不会被别人猜测到的密码，请您尝试以下技巧。

①请尽量设置长密码。请您设法设置便于记忆的长密码，您可以使用完整的短语，而非单个的单词或数字作为您的密码，因为密码越长，被破解的可能性就越小。

②尽量在单词中插入符号。尽管攻击者善于搜查密码中的单词，但请您在设置密码时不要放弃使用单词。但您需要在您的单词中插入符号或者变为谐音符号。

③请不要在您的密码中出现您的账号。

④请不要使用您的个人信息作为密码的内容。如生日、身份证号码、亲人或者伴侣的姓名、宿舍号等。

⑤请您每隔一段时间更新一次账号的密码,让您的新密码也遵守以上原则,同时,新密码不应包括旧密码的内容,并且不应与旧密码相似。

在信息安全这条路上,有了密码,我们还要严格信息权限,才能防范机密信息泄露。具体措施有以下方面。

(1) 从管理的角度防范

①确定本企业的商业机密范围:将符合企业产品、配方、工艺程序、研究开发的有关文件,机器设备的改进,公司内部文件及客户资料等重要技术信息和经营信息,全部列入商业机密的保护范围。

②建立企业内部相关的保密制度。企业可以根据本企业商业机密的不同特点,制订出一套符合商业机密保护的管理制度。

③加强保密意识培训。通过有关商业机密法律知识的培训,使广大职工增强法制观念、责任感、归属感,树立保护商业机密人人有责的思想,普遍提高保护商业机密的自觉性

④签订保密合同。同涉及企业保密范围的员工签订保密合同,企业在与员工签订劳动合同时可约定以下内容:企业可与员工约定该员工在离开该企业的一定时间内,不得在生产同类产品且有竞争关系的其他企业任职或自己从事同一产品的生产经营。

企业应向员工支付竞业限制的补偿费,补偿费的标准根据员工接触商业机密的程度及上年度该员工的总报酬,来确定一个适宜的数额。竞业限制补偿费的支付时间可以在员工在职期间支付或者在离职时一次性支付。

· 竞业限制的违约责任应规定企业违反竞业限制协议,不支付或无正当理由拖欠补偿费的,竞业限制条款自动终止;员工违反竞业限制条款,应支付违约金。

（2）从内部网络安全方面防范

随着电脑的应用、互联网络的普及、信息化的发展，人们获取信息的速度日益加快；企业内部的重要电子文档均以明文保存，而权限控制还处于粗放状态，拥有文件的人对文件具有全部的使用权限，而且是无期限的；这也给泄密者或犯罪分子提供了便利，通过U盘、Email、QQ、MSN、移动硬盘等可以在很短时间内、很隐蔽的情况下，将大量的机密文件带走或发送出去。针对内网安全，主要为您提供如下防范措施：

封住USB接口。USB接口支持的设备可以非常方便地携带和保存文件，但是有很多如数码相机、扫描仪等计算机外设需要USB接口，所以封闭USB会造成很多外设不能使用。

拆掉光驱、软驱。很多企业应用软件都是以光盘为载体的，可能导致很多应用软件不能安装。

内网络与外网络断开。这能起到一定的作用，但不符合信息化发展的趋势，对信息企业内部沟通及外部交流设置了不符合时代发展的鸿沟；而且并行口移动硬盘、接RJ头的自带虚拟网络机的移动硬盘，甚至红外手机、蓝牙手机都可以很容易地连到电脑上窃取文件信息。

不允许使用互联网络。

不允许使用E-mail、QQ、MSN等网络交流工具。

各个电脑相互独立，互不相连。

安装防火墙。

安装网络监控软件，对文件发送进行记录。

让安全成为一种习惯

3. 慎用公用 Wi-Fi（无线局域网），保护自身隐私

随着智能手机和无线网络的盛行，上网变成一件越来越方便的事情，人们可以越来越便捷地浏览到最新最快资讯，可以随时和亲人朋友进行沟通。现在在公共场合，很多人都喜欢利用便捷的 Wi-Fi 来上网。但使用公用 Wi-Fi 有很大的安全隐患。之前有新闻说在星巴克、麦当劳，黑客只要用一台笔记本、一套无线热点和一个叫作 Wireshark 的软件，最少只要 15 分钟，就能获取通过临时无线网络上网者的账号和密码。公共 Wi-Fi 并不安全这件事确切来说已经不是新闻，然而，账号、密码被窃的消息却一直在重复着。

不久前，梁小姐在一家美发店做头发的时候，用手机连接了一个未设密码的 Wi-Fi 信号，然后上网店买了一双鞋。之后，她再次登录查看物流时，却发现自己账户内的 1200 多块钱全都没了！之后，梁小姐拿着手机去通信营业厅做检测，手机并没有被查出中病毒或者木马程序。工作人员说，应该就是因为梁小姐当时连接了那个无须密码的 Wi-Fi，所以账户密码被黑客盗取了。

可见，公用 Wi-Fi 容易泄密。在大家使用公共 Wi-Fi 的时候，应该注意 Wi-Fi 是否安全。据调查，当前全世界有超过 14.3 亿的智能手机用户，其中美国用户超过 1.5 亿。在美国成年人中，有超过 9200 万人拥有平板电脑，超过 1.55 亿人拥有手提电脑。每年，世界范围内的

手提电脑和平板电脑需求仍在增长。而几乎每个可携带设备的拥有者都连接过公共Wi-Fi：在喝咖啡时、在乘火车时或者是在住旅馆时。因此养成慎用公用Wi-Fi的好习惯非常重要。

那么，公共场合如何正确使用公共Wi-Fi呢，以下几点供大家参考学习。

第一，手机或者电脑不要开着Wi-Fi自动连接功能，否则一到公共场所，很容易被一些钓鱼Wi-Fi找上，或者连接上黑客进攻的网络，导致个人信息或者账号信息等泄露，造成财物损失。

第二，尽量选择政府或者餐厅、商场提供的免费Wi-Fi。当我们选择这些网络的时候，向工作人员要密码就可以了。虽然这样的网络也不是百分百安全，但是安全性却是比一些来路不明的无需密码的Wi-Fi高得多。因为有一些钓鱼Wi-Fi喜欢起一些容易让人混淆的名字，比如假冒知名企业等，你无须输入密码，就可以连上。但是在你上网的过程中，你分享的私密信息和数据都会被犯罪分子掌握到。在连接Wi-Fi前，最好和工作人员确定下哪个才是真正的Wi-Fi。

第三，如果要确保个人信息和隐私的绝对安全，最好就不要在公共网络环境中打开自己一些重要账号，比如网银、股票、基金、支付宝、微博、微信等。使用自己的手机网络来登录这些账号远比使用公共Wi-Fi安全得多。

第四，当我们在公共Wi-Fi的环境下上网时，突然弹出网络广告或者其他不正常的页面，请谨记，千万不要点击，这时候立即关闭Wi-Fi网络，重启手机。如果恰巧你登录过网银等账号，为了确保安全，还是及时更改密码为好！

4. 小心网络陷阱，杜绝网络诈骗

随着现在互联网络的快速发展，网上聊天购物、网上炒股等网上活动日渐兴起，网络可以说已成为百姓生活中一种较为重要的工具。殊不知，就在这个虚拟世界的互联网上，既孕育着无限的商机，也潜伏着各种各样的陷阱，而且这些陷阱又非常隐蔽，让上网者毫无知觉，防不胜防。

前不久，小王正在家中上网，突然一个亲戚的QQ号头像闪动起来，他点开一看，是亲戚在向自己求助。因为做生意周转困难，亲戚向小王借钱2万元。起初，小王还将信将疑，后来亲戚启动了视频，小王在视频里看到确实是亲戚在网络对面，便不再怀疑，立即按指示通过银行转账了2万元到对方的指定账户。转账成功后，小王致电亲戚确认钱是否收到，才得知这位亲戚根本没借过钱，QQ号是被人盗用的，而视频则是在盗用QQ号时就制好的截图。

使用QQ被骗钱？媒体已经提醒过多次。但不幸的是，仍有大量群众中招。因此，我们在QQ上和好友聊天，如果碰到金钱交易，一定要打电话沟通确认下身份。如果马虎大意被骗钱了怎么办呢？首先，要报警。报警是在保护你的好友，让骗子不能再继续利用他的QQ来行骗。

朱某今年27岁，他的表弟王某今年20岁，兄弟俩都是福建武平人。两人早年来到厦门，在酒吧之类的服务场所打工。

第八章 警惕网络安全，筑牢信息安全防火墙

可是干了没多久，他们就嫌赚得少、活还累，总琢磨着怎么能发一笔横财。有一天，他们突然想出了一个赚钱的"好方法"：用微信套取来夜店消费的女人的信息，然后入室盗窃。于是一到晚上，朱某和王某就打扮得很时尚，跑去饭店附近的一些酒吧晃荡，使用微信摇一摇的功能，摇出附近的美女，然后聊天。因为微信上有个人头像，两人就在酒吧中搜寻他们盯上的人，一旦找到，他们会仔细打量，确认女子是否有钱，然后尾随其回家。"他们很精明，会留意女子进入小区单元门时按下的具体房号。"民警说，这些在酒吧出入的女子一般都是住在比较高档的小区，嫌犯尾随女子进小区后，记下她们的房号，摸清周边情况后，就趁晚上的时间给被盯上的女子打电话。"问她有没有在上班。"民警说，只要对方说在上班，他们就会下手。表哥朱某负责开锁和进去偷窃，表弟王某负责跟踪和望风。据两人交代，他们作案40余起，涉案价值约50万元人民币，其中绝大部分都没有和女子本人直接搭讪，基本都是通过微信确认对方信息。

随着微信越来越普及，很多犯罪分子也就盯上了微信。微信摇一摇，找到"朋友"后，如果看见对方头像貌美端庄、帅气潇洒，很多人就会放松警惕，向对方倾诉心声。殊不知自己的个人信息也就大量地泄露，给了犯罪分子可乘之机。

可见，在安全管理上，尤其在网络安全方面，我们也要与时俱进，小心网络的陷阱。比如，不要轻易泄露手机号码，不要使用真实的头像等。以下是一些常见的网络陷阱，我们要小心防范。

第一，利用手机短信息进行诈骗。行骗者利用手机向用户发送虚假信息，骗取被害人邮寄费、信息费、预付款、定金等。

第二，利用网上拍卖进行诈骗。行骗者使用假身份证在各大网站商

品拍卖平台注册,提供虚假供货信息,或以极低的价格引诱网民,交易成功后,欺骗被害人将钱汇入指定的银行账号,却不邮寄货物或邮寄不符合要求的商品。

第三,在网上发布虚假信息进行诈骗。比如行骗者通过发布虚假信息诈骗钱财。

第四,通过网上聊天进行诈骗。行骗者利用网上聊天结识网友,骗取信任后,伺机骗财骗色。

第五,假借网络购物、网络招工、网络婚介等骗取钱财。

网络陷阱是为达到某种目的在网络上以各种形式向他人骗取财物的诈骗手段,方式各种各样,数不胜数。网络的开放性使得诈骗行为很是猖獗,网上交易、网上交友、网上认证等,稍不留神你就会掉进不法分子设置的陷阱之中,从而使你蒙受巨大的损失。比如拍卖诈骗。拍卖诈骗在各类网上诈骗中名列榜首,这跟网上交易的模式有关。在网上拍卖,买主和卖主不用直接见面,拍卖的东西也是"虚拟"的,人们主要通过在网上竞价的方式来达成交易。这就给那些心怀叵测的人可乘之机。他们故意以虚拟的身份注册,并在网上以极低的价格拍卖一些贵重物品,受骗者往往中标后付了款却收不到商品。又如交友诈骗。不少人喜欢在网上交友、聊天。一些骗子经过精心包装,在网上粉墨登场。这些人在网上专门盯着那些菜鸟下手,他们会利用自己的才学,把菜鸟玩弄于股掌之上。等到时机成熟,他们会在网上聊天的时候,向菜鸟大吐苦水,"如今生意难做,自己的资金最近周转不灵了"。菜鸟就是菜鸟,人家随便说一说他就上当了,往往主动提出借钱给对方,帮他周转。等钱汇出去了,这位网络老大哥也跟着消失了,不久以后又以新的名字,重新出现在网上。

总之,互联网带给我们的不仅仅是缤纷的虚拟世界,还有各种形形色色的陷阱。如果你对此没有足够的警惕性,那么就有可能在不知不觉中滑入一个"网络陷阱",可能面临实实在在的损失。对此,我们一定要保持警惕，做好安全防护。

5. 抵制垃圾网站，倡导健康上网

　　垃圾网站是指传播色情暴力等不良信息的网站。互联网的发展极大地促进了信息的交流和沟通，人们可以在网上找到各种各样形形色色的信息，这些内容无所不包，无所不含，这当中也充斥着不少不良信息。比如具有消极意识形态作用的网络"黑色文化"，渲染色情、暴力的网络"色情文化""暴力文化"，都给人们带来各种消极影响。来自公安部门的调查资料表明，近年来，利用互联网实施犯罪的现象日益严重，网络犯罪已经成为不容忽视的犯罪新动向。随着电脑网络的普遍运用，中国的网络违法犯罪案件呈上升趋势。如今，随便在任何一个网站键入"网络犯罪"的字样，都能搜索到几百甚至上千条相关新闻事件。在网络色情、网络诽谤、网络恐吓、网络赌博、网络诈骗等一系列网络犯罪中，强奸、抢劫、绑架甚至杀人等传统犯罪形式卷土重来，已经成为网络虚拟空间中的致命毒瘤。仅网络色情这一"黄色垃圾"，危害就十分严重。

　　目前，网络色情的泛滥已经成为危害我们身心健康的全球性公害。不断出现的性暴力、性侵犯案件，相当一部分起因于浏览色情网站、受网络色情淫秽情节影响。特别是世界观、价值观、是非观尚在形成中的未成年人，心智的欠缺、身体生理处于特殊阶段，从网络色情淫秽情节中，接受不健康、变态、暴力的性知识、性画面、性行为，毒害了健康的心灵。更有甚者见样学样，控制不住自己的行为而把网络色情淫秽行为搬到现实社会，付诸行动，青春的年华因此黯然失色。

让安全成为一种习惯

～～～～～～～～～～☆☆☆～～～～～～～～～～

美国的调查表明，至少有 1/4 的未成年人收到过色情图片。网络色情最突出的特点就是全球性。据估计，目前全世界色情网站至少有 70 万个，而且以每天 200～300 个的速度增加，这给如何更有效地抵制网络色情、减少危害出了个很大的难题。一些青少年因迷恋色情网络而有书不读，有学不上，意乱情迷，荒废青春，引起家长和老师的担忧。成年人的抗病毒能力要稍强一点，但色情网络是害人不见血的毒品，因沉迷于色情网络而弄得精神萎靡、思想空虚的大有人在。

据某位开网吧老板反映，十七八岁的少年因为争风吃醋，在网吧里将另一个少年猛砍十几刀！还有的女孩子长期夜不归宿，混迹于网吧和小旅店，观看色情网站，然后就跟网友厮混，导致早孕堕胎、生子。可见色情危害之重。

～～～～～～～～～～☆☆☆～～～～～～～～～～

网络时代，一个最重要的特征就是信息获取得便捷、信息传播得快速。如果说互联网时代以前"黄赌毒"还局限于社会特定区域、特定人群，对社会影响局限于一定的范围的话，那么互联网时代，借助网络特有的获取、传播优势，一则网络色情信息，无论从传播范围还是受众人群数量都与以前有着翻天覆地的变化。网络世界无处不在的色情信息对社会风气的危害极其严重。色情网站不用刻意找，上网的时候点交友、激情图片方面的链接，就能查到一大堆。有时候你不点，它们还会自己跳出来。色情网站就像是网络中的幽灵，常常在你无意识的状态下闯入到屏幕中。如果刻意寻找，只要输入一些成人等关键字，就能搜索到大量的色情信息。虽然有关部门对色情网站采取各种措施围剿，但其结果仍不尽如人意。对此，我们员工要提高道德修养，树立正确的人生观价值观，绿色上网，自觉抵制网络色情。

泛滥的网络色情信息是对社会风气的冲击。我国政府对黄毒的清扫是非常果断、非常严厉的！但在打击网络色情的同时，还需要加强舆论引导，倡导大家健康上网、文明上网。专家指出，净化网络空间，在建构健康文明的网络文化的过程中，应该采取法律建设与伦理建设并举的方针。从一定意义上说，互联网给人们带来的究竟是效率和快乐，还是伤害和危险，关键的问题不在于互联网络本身，而在于人们如何把握和使用它。

因此，我们要倡导健康上网，构筑强大的信息防火墙，自动过滤网上众多色情、暴力以及其他不健康内容，屏蔽全球色情、赌博、毒品和邪教等不良网站。如此才会创造一个绿色健康、安全洁净的网络环境，才会尽可能地实现心理和生理的全面健康。

6. 遵守信息法规，不信谣不传谣

在互联网信息技术高速发展、网民人数迅猛增长的今天，网络谣言已成为互联网世界里最大的"病毒"，不仅导致社会诚信缺失，危及网络事业健康发展，而且使我们是非判断、道德品质以及审美情趣、文化心态等受到严重冲击。

所谓谣言，是指没有事实根据的消息或传言。根据谣言的内容和性质不同，可以分政治谣言、经济谣言、社会谣言、娱乐谣言等。谣言具有虚无性、破坏性、传染性等特点。如有些谣言挑拨民族矛盾，破坏社会和谐稳定；有些谣言煽动公众情绪，破坏社会正常秩序。总而言之，制造谣言者，都是别有用心的。其最大的目的，就是破坏公众对政府、社会和政治制度的信任，造成严重的思想混乱。特别是近年来，随着科技的进步和互联网的普及，我们迎来了一个信息爆炸式的时代。信息传播的便利性大大增强，信息传播成本和发布门槛大大降低。只要指尖轻轻一点，信息就能够迅速传播开来。而某些别有用心的个人、组织甚至是媒体，出于为自己谋取利益的目的，制造虚假信息，传播耸听危言，给社会带来了极大的负面影响。

某市的一个普通油品加工能源项目被网民谣传成影响身体健康的PX（P-Xylene的简写）项目，即对二甲苯化工项目。在环保部门公示该项目期间，不少网民通过微博、微信等平台对该事件大肆造谣传谣，不仅发表了过激言论，还在网络中煽动更多人传播谣言，甚至到市政府上访，严重影响了社会治安。最终公安机关依照《中华人民共和国治安管理处罚法》，对造谣传谣的10人分别给予罚款、行政拘留3至10天不等的处罚。

根据《中华人民共和国治安管理处罚法》《计算机信息网络国际联网安全保护管理办法》，利用互联网制作、复制、传播不实信息，散布谣言等扰乱社会秩序的，都属于违法行为。为此我们要始终坚持这样一个基本原则，即自己不明确的信息就不转发，若是要发布或者转发，就必须对其真实性负责，在掌握确凿证据的基础上才去发布。

我们常说："造谣惑众。"我们每一个人作为普通公民，获取信息的渠道各不相同，但必须要正确分辨自己获取的信息的真假，否则信谣传谣，小而言之，败坏个人名誉，给受害人造成极大的精神困扰；大而言之，影响社会稳定，给正常的社会秩序带来现实或潜在的威胁，甚至损害国家形象。

特别要注意的是，从心理学角度看，看到别人做什么，他也做什么，不去考虑自己的行为合理与否，是一种盲目从众心理，是心智不成熟的表现。谣言止于智者，我们应保持健康、理性的心态，掌握科学的思维方法，理智分析，科学应对，不听信谣言，更不传播谣言，坚决反对和自觉抵制谣言，使谣言无处可传，无人相信。作为一个现代社会的公民，作为一个文明时代的网民，让谣言止于"智者"应当成为我们的一项义务。

广大网友自觉遵守法律法规，不信谣、不传谣，才能维护健康的网络环境和良好的社会秩序。很多的网络转发行为，并非转发者的辨别和认识能力出现了问题，而是缺乏责任感的随意使然。面对网络疯传的谣言，不认真加以思考，就加入到"别人都这么说，所以我就这么信""因为别人都这么传，所以我就这么播"的盲目跟风中来。致使谣言迅速传播，一发不可收拾，最终导致了恶劣的后果。为此，广大员工要不信谣不传谣，在工作中做到以下几方面。

第一，要树立法律意识，严格遵守互联网法律法规，积极践行文明上网，自觉远离网络谣言，坚决斩断网络谣言传播链。

第二，要增强社会责任感，强化道德正义感，站稳立场、明辨是非，切实做到不信谣、不传谣，让网络谣言失去生长的土壤。

第三，要加强自我学习，学会自我约束，增强辨别谣言、抵制谣言的能力，逐步树立成熟阳光的网络公民心态。

第四，要主动参与到抵制网络谣言的行动中去，积极揭露和举报网络谣言，力争消灭谣言产生的温床，坚决做网络健康环境的维护者。

第九章

学习安全文化,营造良好的安全氛围

在日常的工作中,安全文化就是一种习惯,是企业安全工作的灵魂。安全文化的核心是"以人为本",我们要加强企业安全文化建设,提高员工的安全文化素养,创造和谐平安的企业氛围,排除各类安全隐患,预防和减少人为责任事故的发生,实现企业的安全生产工作规范化、科学化,迈入平稳、有序发展的良性循环局面。

1. 以人为本，积极参与安全文化活动

安全文化是指企业在长期安全生产中，逐步形成的具有特色的安全思想和意识、安全作风和态度、安全管理机制及行为规范。它是保护职工身心安全与健康而创造的安全舒适的生产和生活环境。

安全文化作为一种管理手段，对于企业的安全有着重要的作用和功能，主要表现在以下四个方面。

(1) 导向功能

企业安全文化提倡、崇尚什么，将通过潜移默化的作用，使员工的注意力逐步转向企业所提倡、崇尚的内容，接受共同的价值观念，从而将个人的目标引导到企业目标上来。

(2) 凝聚功能

企业安全文化通过改变员工的兴趣、爱好和娱乐方式，使员工融合于其中，当其价值观被员工认同后，它就会成为一种黏合剂，从各个方面把员工团结起来，形成巨大的向心力和凝聚力。

(3) 激励功能

企业安全文化能通过发挥人的主动性、创造性、积极性、智慧力，使员工从内心产生一种情绪高昂、奋发进取的效应。作为自然人，每个人都有力气，有基本思维能力；作为社会人，每个人又都有精神需要，蕴含着巨大的精神力量。在未获得激励时，人发挥的只是物质力量，获得激励后，人的精神力量就得到开发。激励越大，精神力量就越大。

(4) 约束功能

企业安全文化对企业每个员工的思想和行为具有约束和规范作用，

第九章 学习安全文化,营造良好的安全氛围

这种作用与传统的管理理论所强调的制度约束不同,它虽也有成文的硬制度约束,但更强调不成文的软约束,它通过文化的功能在员工心理深层形成一种定式,构造出一种响应机制,只要有诱导信号发生,即可得到积极响应,并迅速转化为预期行为。这种约束机制能够有效地缓解员工自治心理与被治现实形成的冲突,削弱由其引起的心理抵抗力,从而产生更强大、深刻、持久的约束效果。

安全文化的作用是通过对人的观念、道德、伦理、态度、情感、品行等深层次的人文因素的强化,利用领导、教育、宣传、奖惩、创建群体氛围等手段,不断提高人的安全素质,改进其安全意识和行为,从而使人们从被动地服从安全管理制度,转变成自觉主动地按安全要求采取行动。因此建设企业安全文化的重要意义,是通过提高员工的安全文化素质来规范其安全行为。

☆☆☆

某钢铁公司在生产经营中积极营造"以人为本、安全第一"的文化环境,通过安全文化的建设和熏陶,培养职工的安全价值观,规范职工的安全行为。钢铁公司总结了各车间10年的安全生产事故,以安全警语和安全小贴士的形式汇集整编了一本岗位安全读本,语言浅显明了,成为职工喜爱的"口袋书"。钢铁公司在安全宣传教育活动中,发动电脑爱好者结合公司安全知识和公司近年事故案例等内容,制作安全FLASH动画。因内容反映的是职工身边的事例,引起了职工的兴趣与强烈共鸣。钢铁公司还将"家庭亲情安全联保"引入安全管理,将安全生产做到职工家庭。他们把职工家属请到生产一线,让他们了解职工在上岗时,由于情绪不好、精力不集中或不按要求操作,将会给个人、企业带来多大的伤害和损失。现场了解后,家属们立即与车间签订"安全带上岗、平安带回家"的夫妻安全联保协议。协议内容除了各项安全规

章制度外，还增加了家属每天在职工上班前提醒职工上班穿戴好劳保用品，不把情绪带上岗等内容。通过安全文化建设，钢铁公司的安全局面获得了非常大的改善。

☆☆☆～～～～～～～～～～～～～～～～

在安全文化建设中，首先要以人为本。人，是企业的主体，其素质的高低直接决定安全生产的理念是否能顺利贯彻下去。也就是说，有合适的人员，安全生产是顺理成章的事，所以提高人的安全意识、强化安全、法制观念，建立并大力弘扬"安全第一，预防为主，综合治理""尊重人、关心人、爱护人""以人为本""安全发展"和"关爱生命、关注安全"等先进安全理念，营造浓厚的安全文化氛围，是提升安全文化素养的主要手段。

安全生产是一项复杂的系统工程，涉及人、机、物、环境、法律等诸多方面。因此，建设企业的安全文化，首先须建立企业安全生产综合管理、激励与约束、教育培训以及设备管理机制。为此，我们需要做好以下几方面。

第一，利用安全专业信息媒介、书籍等，对企业全员进行定期的安全常识、观念、技能等一系列安全教育培训，并充分利用安全媒介、事故分析会、技术交流会等手段，在全员中牢固树立"安全第一，预防为主""关爱生命，关注安全""不伤害自己，不伤害他人，不被他人所伤害"的安全行为准则。

第二，组织企业各部门参与内部安全生产规章、制度等的建立及修订活动，充分发动企业全员由理论到实践，进行认真、深入、细致地学习、讨论，形成统一的安全价值观和行为准则。

第三，强化安全评价及检查，认真落实安全生产责任制，严格审查与考评职工的安全文化素质，积极查找排除隐患，不断强化安全文化宣传监督力度，创造有利于建设安全文化的工作氛围。

第四，企业领导要率先垂范，在日常生产工作中，以身作则，用

"安全第一"的价值观,积极影响每一位员工,进而形成一个"安全生产,人人有责"的良好局面。

总之,企业安全文化建设是一项系统工程,弘扬企业安全文化建设,充分发挥"人"的主体作用,不断提高员工安全文化素质,倡导员工强化安全自律意识,进而营造一个安全、少灾、无害、和谐的生产氛围,对保障企业安全生产具有越来越重要的意义。

2. 做好安全宣传,促进企业安全发展

安全宣传是做好安全文化工作的重要一环。比如当我们走进一些企业时,常常能在走廊、电梯、会议室里醒目地看到一些提倡落实的口号、标语,如"人人讲安全,安全为人人""安全人人抓,幸福千万家""安全生产责任重于泰山"等字句。这些就是企业安全文化宣传的一部分。

宣传教育工作在安全生产上具有特殊功能。目前,在一些人的思想上,并没有认识到宣传教育在安全生产上的特殊作用,因而在安全生产工作中,不同程度地存在着"三多三少"的现象:一是谈到安全生产管理,往往在硬件上考虑的多,对安全生产宣传教育考虑的少;谈到事故预防,往往在技术措施上考虑的多,对如何强化安全意识考虑的少;谈到安全生产宣传教育,往往是政工部门考虑的多,行政管理部门考虑的少。这"三多三少",实质是"一手硬、一手软"在安全领域的表现。对此,有必要弄清宣传教育在安全生产工作中的特殊功能。

第一,安全生产的实践主体是人,安全生产本身是对人的生命权益的维护,"以人为本"是安全工作的出发点和落脚点。人所具有的安全

让安全成为一种习惯

意识的强弱，直接作用于他在生产经营活动中的安全行为。从"要我安全"变为"我要安全"，这是人的自我主体意识的觉醒。这一觉醒来自深入细致的安全思想教育工作。

第二，安全生产的方针是"安全第一，预防为主"，这是带有规律性的认识。预防除了必要的防范设施之外，重要的是思想上的防范意识。"警惕就安全，麻痹就危险"。筑起思想上的安全防线，在防范事故中有时会起决定性的作用。

第三，安全生产状况实质反映一个企业的安全文化程度。实现企业安全生产状况的根本好转，既要依靠必要的物质基础，更有赖于提高员工的安全素质。因此，必须通过加强安全生产宣传教育，致力于提高员工的安全文化水平，才能为搞好安全生产提供精神动力和智力支持。

老虎台矿是一座有着百年开采历史的国有大型煤矿。近年来，老虎台矿坚持安全管理工作重心下移，关口前移，下大力气抓安全文化建设工作，走出了一条以文化引领安全、人与企业共同发展的成功之路。为教育和引导班组员工牢固树立安全第一的思想，增强积极主动做好安全工作的自觉性，老虎台矿充分发挥工会组织宣传教育的职能作用，大力开展了一系列群众安全教育活动。

一是大力开展安全理念教育。先后开展了"平安幸福你我他，虎矿安全靠大家""虎矿是我家，幸福生活全靠她"和"平安是福、安全是钱"的安全理念教育活动。特别是在全矿员工中开展了"平安是福、安全是钱"的大讨论，逐步把全矿员工的安全观念引领到安全是生命、安全是幸福、安全是效益、安全是钱的现实轨道上来，把安全生产与员工的利益紧紧地联系在一起，从而增强了员工"我要安全、自主保安"的自觉性。

第九章 学习安全文化,营造良好的安全氛围

二是大力开展情感教育。为使员工认识到安全工作的重要性,认识个人做到安全生产对企业、对家庭的重要性,老虎台矿以不同形式开展了情感教育活动。工会在全矿员工中开展了"你是家中的梁、你是父母的心、你是妻子的天、你是儿女的山"的情感化安全教育活动,利用班前会开展讨论,使广大员工的心灵受到了震撼,深刻认识到做好安全工作是企业生存发展的需要,更是家庭幸福的需要。

三是大力开展安全文化教育。作为集团公司安全文化的示范单位,几年来,老虎台矿不断创新,形成了一套安全文化建设的做法,打造了具有虎矿特色的安全文化。比如:唱安全歌、背安全誓词。从2004年开始,老虎台矿唱起了安全歌,《班组哥们亲兄弟》《平安是福、安全是钱》《集团公司安全之歌》等歌曲在全矿的班前会上响起,成为安全教育的大亮点。"平安幸福你我他,虎矿安全靠大家,平安虎矿是我家,幸福生活全靠她,为了生命,为了亲人,为了生活,我保证做到:天天无三违,天天无事故,天天安全平安"的安全誓词激励着全矿员工实现安全生产。

☆☆☆〰〰〰〰〰〰〰〰〰〰〰〰〰〰〰〰

安全宣传体现了以人为本的理念,是全面、协调、可持续发展的基础和前提,能最大限度地控制各类生产安全事故。但在安全生产宣传教育的方式方法上,要改变古板、生硬乃至训斥的简单做法。安全生产的宣传教育,应该说适应了职工群众对安全生产知识的内在需求,从主观上讲职工是愿意接受的。但是,我们有些安全教育缺乏亲和力和感染力,形式单一、老套,总是采用课堂安全教育灌输式,显得枯燥,缺乏吸引力。其实开展安全文化可以采取参观、座谈、演讲等与课堂讲授相结合的形式进行,效果将更好。此外,在安全生产宣传教育上,我们要纠正急功近利的短视倾向。员工安全意识的强化,不是一朝一夕的事

让安全成为一种习惯

情,必须警钟长鸣,持之以恒。安全生产的宣传工作对促进企业的安全发展非常有效,是实现安全生产的思想保证。

3. 积极使用网络平台传播企业安全信息

进入 21 世纪,以互联网为代表的信息化浪潮席卷世界每个角落,渗透到经济、政治、文化和国防等各个领域,对人们的生产、工作、学习、生活等产生了全面而深刻的影响。网络已成为我们现实生活中一个重要的组成部分。对此,员工也要紧跟时代潮流,学会网络时代的新技巧,灵活运用微信、QQ 等网络平台沟通安全工作,传播企业安全信息。

一天晚上,某车辆段动态检测车间工长小胡收到维修员徐卫华发来的微信,询问 TFDS 服务器的故障处理流程。胡工长当即使用微信的语音、图片传输等功能给予了指导,小徐很快就处理好了故障。这是胡工长的突发奇想,使用手机微信协助班组管理和设备检修。现在在小胡的单位,班组通知,微信发布;设备检修任务,微信告之;事务安排,微信联络;设备故障处理,微信交流。由此带来的便利,使得班组的管理变得更简单有效,设备检修和故障处理变得更快捷。

过去,面对班组繁杂的各项事务,小胡经常感到疲于应付。上级的文件、班组的工作安排经常要电话逐个通知到人,特别麻烦的是设备故障处理,使用电话和短信功能费时费力费钱。如何能让这些事情处理起来更简单有效,胡工长想到了经常使用的微信。微信是近几年流行起来的通信软件,仅耗费少

第九章 学习安全文化，营造良好的安全氛围

量的网络流量，就可以实现便捷的文字、语音、图片传输功能。加之班组同事使用的都是智能手机，胡工长与同事一商量，统一在手机上安装了微信。经过近一个月的使用，工区的同事对微信带来的出乎意料的便利赞不绝口，每天在微信上查看班组信息发布已成为习惯。工长胡启红借助微信的帮助，感觉班组管理也轻松了许多。

☆☆☆

微信平台灵活方便，在安全沟通中能起大作用，能够助力提升班组安全管理。班组长在班组安全文化建设中使用微信交流搭建沟通平台，能及时向班组成员传达领导和上级的工作指示和要求，以及本班当前在工作中的注意事项，并有针对性地提醒。过去班组开展各种活动或传达上级指示精神时需要逐一打电话告知，建立了微信群后，各种通知往往在几分钟内即传达到位，大大提高了工作效率，减少了工作环节，缩短了空间距离。不仅如此，班员在工作中好的经验、做法或是遇到的疑难问题，通过微信群随时反映，随时交流，不但便利学习交流，而且信息传递更加顺畅。可见，新的信息平台不但进一步发挥了促进班组安全工作的作用，同时增进了同事之间的友谊，增强了班组的凝聚力。

☆☆☆

每天早上，沈阳某公司的干部职工都会上QQ群。班组员工认为QQ群真的很实用。"这个我们现在是小四班的倒班制度了，平时在家休息的时间比较多，这样上班就有很多新规章、新制度无法对应上。自从有了QQ群，公司的大大小小的事坐在家里就知道了。"

QQ群让班组管理更轻松，运行以来，备受职工的好评。如今，群里的内容十分丰富，包括作业计划、重点任务提示、设备隐患实时播报等日常信息。同时，还有各类运行操作提醒，也有温馨安全提示和安全实时通知。值班人员在现场巡视发现违章行为，第一时间拍照取证，并以图文形式，将违章作

业照片发到群里，警示作用很大。

☆☆☆～～～～～～～～～～～～～～～～～～～

QQ 群给传统的班组安全管理插上了现代化通信工具的翅膀，增进了各岗位、各工种之间的沟通和协调，有益于提升班组安全水平。QQ 群平台的开放，以"易理解、易学习、易接受"的"三易"方式向职工传播了许多管理信息，大家在群里你一言、我一语，拉近了彼此之间的距离，小小的 QQ 群成了大家工作、学习、拉家常的文化交流平台。可见，小小 QQ 群，让班组安全管理变得更加轻松。

眼下，企业中的年轻员工越来越多，他们具有鲜明的信息时代的特征，很多安全管理的传统方法与规则在他们身上失效。如何对年轻员工进行安全管理？这是我们的新课题。而紧跟时代潮流，灵活运用微信或者 QQ 平台来沟通交流，传播企业安全信息显然更受大家的欢迎。因此，我们在搞安全文化活动中也要转变思路和方法，积极利用网络创建"班组论坛"、班组微信群、QQ 群等，及时了解班组员工动态信息，如发现其在工作和生活中出现问题，可以利用微信随时对他们进行温馨提示教育。这样能够拉近心理沟通的距离，促进企业的安全文化建设。

4. 推行安全自主管理，让安全成为一种自觉

自主管理是对基层组织充分授权，从而激励基层组织和个人工作自觉性和创造性的管理方式，准确地说是一种管理思想。自主管理全过程充分注重人性要素和人的潜能的发挥。注重员工的个人目标与企业目标的统一，在实现组织目标的同时实现员工的个人价值。

安全管理工作的最高境界是以安全文化统领企业全员安全思维意

第九章 学习安全文化，营造良好的安全氛围

识，并自觉主动遵守企业安全行为规范，保障生产平稳有序进行，实现本质安全生产。安全习惯就是文化。文化是一种共识、一种定式，也是一种传统。在日常的工作和生活当中，就表现为一种习惯。文化和习惯都需要养成，都需要自觉。安全要靠自觉。自觉是什么？自觉是从内心深处生发的一种自我驱动和力量，是不需要任何人监督、也不需要强调、更不需要处罚和强制的一种自愿自发的行为。只有从思想认识上重视安全了，内化为自觉防护行为，才能实现真正的安全。

☆☆☆

一篇新闻报道说：

国内有一家建筑公司请到了一位美国的工程代表，想让他进行建筑方面的现场指导。在进入施工场地之前，美国代表却站着不动，不肯向前走了。公司的接待人员不知道他为什么停下，一问才知道，美国人说他没戴安全帽，按规定不能进入施工现场。大家都放下心来，纷纷劝说他只是进去一会儿，再说领导又不在现场，就不必戴了。美国代表疑惑不解，摇头不干，说："我戴安全帽是为了我自己的安全，并不是给哪一位领导看的。"

☆☆☆

读完这则报道，我们不禁为这位美国代表的安全自觉而鼓掌。自觉是安全所要达到的最好的效果。只有自觉才能自发，只有自觉才能从意识上主动要安全，从素质上增强安全，从行动上保障安全，时时以安全为第一，处处以安全为先，真正把安全落到实处。企业安全文化是把服从管理的"要我安全"转变成自主管理的"我要安全"思想。从而提升企业安全工作的境界。

☆☆☆

近年来，外高桥造船在安全自主管理方面不断探索，以班组为基础单元，推进了班组危险指出确认活动、作业安全分析（JSA）活动、"三不三行"活动等自主安全管理活动，形成了

独具特色的班组自主管理文化。在这过程中，公司涌现出一批自主安全管理水平相对较高的班组。2017年3月23日下午，公司召开2017年第一季度安全生产委员会全体会议，在会上加工部切割一班和船装部铜工二班分享了班组自主安全管理经验。下面介绍其安全管理工作情况。

加工部切割作业区切割一班作为多次获得公司安康杯表扬班组、优秀青年突击队等殊荣的优秀班组，在安全管理上，班组一直坚持"不放过任何一个小的隐患、不忽视任何一次小的违章"，认真辨识班组危险源，并制作了图文并茂的作业说明书及内部管理机制，有效地保证了班组安全管理的良性循环。同时班组员工意识到本质安全才是管控危险源的首选方案，积极自主开发各类安措工装，从本质上改善作业风险。另外，班组通过班前班后会、月/周安全分析会等形式，学习各类安全知识及技能，有效提升了班组员工安全意识，营造了良好的班组安全自主管理文化。

船装部船装三作业区铜工二班始终坚持"我要安全、我会安全、我能安全"的安全管理宗旨，针对班组作业内容繁多、环境复杂等施工特点，班组全体成员不断探索、认真总结，从最初的"一张纸（班组主要危险源）"，到之后的"一个表格（日常安全检查重点）""一本册子（作业安全标准及管理机制）"，以及"一份传承（安全管理文化）"，建立了班组独特的安全管理模式。另外，班组在"三不伤害"的基础上，增加了"保护工友不受伤害"，形成"四不伤害"这一独具特色的班组安全自主管理理念。经过班组的不断总结，该安全管理模式在作业区和部门得到了推广，实现了班组安全自主管理文化的传递。

在安全文化建设中，人是安全工作的主体，也是搞好安全生产最重要、最关键的因素。有人认为，在市场经济条件下，只要建立各项规章制度，单纯依靠经济处罚手段，就可以解决生产中的一切安全问题。其实，这种看法是片面的，也是十分危险的。不可否认，必要的规章制度是安全生产的基本保证，行政处罚也是一种有效的管理手段。但是，单纯依靠规章制度严管严罚，罚不出职工的自主管理意识，更罚不出职工自觉遵守安全规章的觉悟。因为人是有思想、有情感、有价值追求的，人不是"机器"。因此，我们的安全工作要重视人的主观能动作用，通过关心人、信任人和教育人来提高人的综合素质，善待人的自尊，并通过人自身的内在因素，理性地控制自己的行为，使企业的各项规章制度成为职工自身需求，才能使每个人都自主管理安全，自觉保障安全。这样才能推动企业安全自主管理水平的不断提升。

5. 重视安全文化的力量，建设团结的安全班组

安全文化产生于日常生产活动之中，是企业物质财富和精神财富的总和，是安全生产问题在人们思想观念上的综合反映，是企业在长期安全生产经营活动中形成的。它是企业有意塑造、且为全体员工接受、遵循具有企业特色的安全价值观（安全理念、安全意识、安全心理）、安全法制思想、安全判断标准和安全行为准则。

一个企业，只有通过潜移默化，以最平凡、最有效、最深刻的安全文化内容及活动方式来不断地培养和塑造人的安全意识、思维、行为、价值观等，建立一个人人自觉遵循的企业安全文明风尚和文化氛围，才能从根本上实现企业安全状况的好转，只有让安全文化根植于企业的每

> 让安全成为一种习惯

一片土壤之中，每一位员工心中，不断强化企业安全文化建设，才能积极推动企业持续、健康、良性发展。

当前，在班组安全文化建设中还存在种种错误思想，有待于改进。比如认为班组只要按照上级的要求，抓好日常安全管理工作就行了，抓安全文化建设是多此一举，没有必要。这种认识是没有看到安全文化建设对班组日常安全管理工作的指导作用。因为通过班组安全文化建设，可以营造安全氛围，宣传和传播安全知识，增强职工的安全观念，把安全作为生活与生产的第一需要，自觉地保护自己和他人；通过班组安全文化建设，可以牢固掌握应知应会的安全科学知识，学会安全技能；通过班组安全文化建设，可以实践、开发和创新班组日常安全管理工作。由此可见，加强安全文化建设与抓好班组日常安全管理工作是一致的。企业安全文化建设的基本要求，要落实到班组，落实到每个职工，只有班组的安全文化建设加强了，整个企业的安全文化建设才会有牢固的基础。

~~~~~~~~~~~~~~~~ ☆☆☆

在某公司一车间活跃着这样一个年轻的班组：在每一次的车间检修工地，在每一项工程改造的工作间，在每一个事故隐患的查出地，在每一次处理突发事件的事故现场，不管刮风下雨，无论严寒酷暑，都能在第一时间里看到他们年轻而忙碌的身影。这就是某公司一车间二班——一个能打硬仗的"突击小分队"。二班肩负着车间两万吨、三万吨6千伏、110千伏两大系统二次部分的保护校验工作。特殊的工作性质和工种对二班成员的要求也极为苛刻，用车间主任的话说，二班的成员不仅要有相关专业的学历，具备较强的业务能力和丰富经验外，更要具备任劳任怨，敢于创新的使命感和责任感。二班就是由车间11名具备资格的"精兵悍将"组成的。

多样的技能培训和严格的安全意识教育造就了二班这支高

效精干的班组队伍。车间2号整流变压器报轻瓦斯动作信号,凭借经验,二班很快确定了故障点来自继电器集气箱,刚刚拿到油化验资格的油化人员学以致用,通过对色谱分析发现烃类气体含量严重超标。车间当即停运2号机组,对2号整流变压器进行全面试验及外部检查,查出故障原因,及时排除故障,确保了设备的正常运行。

  正值车间春季检修之际,又恰逢四期技改工程开关站的主体设备安装。为了确保工作"两不误",二班经过合理的技术配置后,兵分两路当仁不让地挑起了两项工作的大梁,负责支援四期技改工程的二班成员更是吃住在工地,顺利完成了从设备安装、调试到投运的为期半年的技术援助。为了保证车间两套新监控保护系统的按时投运,班组制订了详细的系统改造计划和方案,并提前将改造需要的各项仪器进行了校验。从3月初到10月,一连六个月,二班的成员几乎放弃了全部休息时间,为了节省时间,他们甚至连中午饭也顾不上回家吃,经常是盒饭一放就赶赴现场。大家严格地按照改造计划和进度的要求,"当天的工作绝不过夜"是他们长久以来养成的良好工作习惯,对于他们来说,没有下班和休息的时间概念,只有马不停蹄地与时间赛跑。大家深知,早一天让新系统投运,设备就多一份安全保障,就是本着这样一种信念,二班的每一个成员"舍小家、为大家",为车间的安全运行筑起了坚实的堡垒。

☆☆☆

  班组是企业安全、生产管理的基本落脚点,加强班组安全文化建设是企业完成各项工作任务的重要保证。优秀的班组必定是一个团结的集体。一个班组的内聚力如何,关系到一个班组的人才流向和人心向背,关系到班组的健康发展。要搞好班组团结工作,就要对班组工作积极支持、真心帮助,为班组开展工作积极创造有利条件。要扶正压邪、弘扬正气，既讲原则，又讲友情。在班组遇到困难时，要鼎力相助，在学习和生活上要充分考虑班组的实际，排忧解难、全力以赴支持班组的工作，为班组的管理工作提供良好的环境和条件。

此外，班组安全文化建设的形式和内容应该具有新、奇、特、趣、知的特点，融知识性与趣味性为一体，使安全文化深入人心，使安全生产成为员工的一种良好习惯。企业应强化对员工的安全培训，积极建设学习型组织，努力提高员工的安全素质。还可以开展安全生产知识竞赛、安全警句征集、安全 Flash 制作比赛、安全短信传递、安全漫画征集等人性化安全活动，改善和规范员工的安全行为。这对于规范班组工作流程和员工的安全行为以及促进员工良好习惯、作风的形成有着重要意义。

6. 积极建言献策，助力企业安全生产

在建设安全文化活动中，作为一名员工，我们应该为企业的安全生产献出自己的一份力量，为企业安全生产建言献策，提供合理化建议。

建言献策体现了员工对于企业建设和发展的热忱，是员工参与管理和决策的需要，理应受到重视。在建设安全文化活动中，一个企业、一个班组如果都能做到集思广益、求贤若渴的话，那么它就会变得更有智慧，更有力量，因而也更能代表广大员工的利益和要求。

建言献策其实是一种合理化建议。合理化建议，是指有关改进和完善企业、事业单位生产技术和经营管理方面的办法和措施；其中技术改进，是指对机器设备、工具、工艺技术等方面所作的改进和革新。一个人的智慧常常是有限的，企业要想有更好的发展，就离不开员工集体的

第九章 学习安全文化，营造良好的安全氛围

努力，离不开员工的合理化建议。

~~~~~~~~~~~~~~~~~☆☆☆~~~~~~~~~~~~~~~~~

齐鲁腈纶厂就通过开展企业文化建设工作，在广大职工中积极倡导创新创效的文化理念，实现了"创新文化入班组"，促进了班组的创新活动。厂部成立厂、车间两级工会组织的"创新协会"，各基层车间每季度举办创新成果发布会，评选"金点子建议""创新明星"等，进一步激发了员工的创新热情。基层车间配备了笔记本电脑和投影仪，大家学习制作幻灯片，使用投影仪进行"金点子"的发布，职工参与兴趣浓厚，创新氛围热烈。

2010年1—6月份，该厂共收到职工的合理化建议2306条，被厂、车间采纳立项的达2008项，解决生产经营难题128个。其中，后纺车间职工提出的"增加腈纶纤维生产总数、提高产能，降低能耗"的金点子建议实施后，产能提高12%，年可增加经济效益66万余元。

~~~~~~~~~~~~~~~~~☆☆☆~~~~~~~~~~~~~~~~~

合理化建议对创建安全文化活动是很重要的，这是因为：合理化建议与技术改进以提高产品质量和服务质量、降低物质消耗、提高劳动生产率和经济效益为重点。合理化建议的主要内容为以下方面。

第一，工业产品质量和工程质量的提高，产品结构的改进，生物品种的改良和发展，新产品的开发；

第二，有效地利用和节约能源、原材料，以及利用自然条件；

第三，生产工艺和试验、检验方法，劳动保护、环境保护、安全技术、医疗、卫生技术、物资运输、储藏、养护技术以及设计、统计、计算技术等方面的改进；

第四，工具、设备、仪器、装置的改进；

第五，科技成果的推广，企业现代化管理方法、手段的创新和应用，引进技术，进口设备的消化吸收和革新。

让安全成为一种习惯

同时，员工也可以对企业安全管理的组织、制度、方法和手段等方面提出带有改进、创新因素的办法和措施，也可作为合理化建议的内容而提出。这些办法和措施一经实施后，对提高企业素质、管理效能、经济效益或社会效益会有明显的作用和成效。比如在安全理论、管理技术上的创见，对提高安全生产经营管理、科研、教学、设计水平，提高经济效益或社会效益有指导作用；在管理组织、制度、机构等方面提出的改革办法或改进方案，对提高工作效率和企业、事业单位的应变能力或服务能力有显著的效果；应用国内外现代化管理技术和手段，能取得经济效益或社会效益。

☆☆☆

陕西某能源有限责任公司王龙班组注重制度管理，班组定出管理规矩，取得了优秀的成绩。制度是规范班组成员行为的共同基准，王龙班组根据企业的经营方针，结合本班组的实际，制订出各种管理制度，以此统一班组员工的思想和行为。比如：

树立"小楷模"。在班组里选拔素质高、能力强、学习好、业务精、善助人的员工，把他们树为"小楷模"，用他们的言行举止感召人、鼓舞人，在班组管理和生产活动中起表率、引领作用。

开展"小竞赛"。利用年轻人争强好胜的心理，不时搞些小型多样的劳动竞赛，其实有时这些活动并不需要什么物质奖励，大家需要的只是一种认同感和感知自己在班里位置的重要性。这样，不但能促使素质好、能力强的员工因自身强烈的自豪感而主动帮助落后者，在生产中发挥更大的作用，同时也促进了业务能力稍差些的员工努力向先进看齐，形成互帮互助、人人争先的局面，从而带动整个班组成员业务水平的提高。

做好"小核算"。班组核算主要是进行各种费用的成本核

第九章 学习安全文化，营造良好的安全氛围

算，做好各项费用台账的建立和管理工作，通过预算、核算，形成责任共负、风险共担的格局，增强员工的经营意识和成本意识，促进员工自觉节约，降低成本。

开好"小座谈"。要使企业文化植入班组成员心中，让企业的决策变成员工的执行行为，班组长就必须及时了解员工的思想动态，有效沟通，坦诚相待，营造一种轻松、愉快的氛围。通过座谈、聊天等形式，化解员工矛盾，解决员工困难，升华员工对班组的认识，使员工对班组自然产生一种归属感、亲切感和责任感，这样，班组才会有强大的凝聚力和战斗力。

征纳"小点子"。成立班组"智囊团"，把班组成员中爱动脑筋、爱动手的员工组织起来，鼓励他们搞小改革、小发明、小创造，提合理化建议，为企业发展献计献策。班组可对产生经济效益的"小点子"进行奖励。要通过一个或几个员工的示范效应，带动所有班组成员关心集体，群策群力，共谋发展。

☆☆☆

安全文化是安全源头管理的灵魂。我们要营造良好的安全氛围就要打造有特色的安全文化。在企业安全文化建设上，一个人的力量是有限的，企业的发展和成功、班组建设的好和坏，需要全体员工的共同努力，需要一个整体的强劲合力。因此，在平常工作中要挖掘本班组潜力，激励员工的工作热情，激发员工的创新精神，大力营造积极向上的团队精神，充分发挥每位员工的聪明才智，形成友谊、团结、信任的员工团队，才能产生"1+1>2"的效应，更好地完成各项工作任务，营造安全和谐的大好局面。

第十章

避免意外伤害,让日常生活与安全相伴

生活中总是充满了未知因素,潜伏着一些安全隐患,一个小意外都有可能带给我们巨大的伤害与损失。所以,安全是我们的生命线。无论是上班下班,还是在什么地方,都需要我们提高警惕,时刻紧绷安全这根弦,让安全永伴。

让安全成为一种习惯

1. 关注日常安全,时刻保护自己

意外伤害是发生在人们的生产、生活活动中的意外事件,是出于不能抗拒或者不能预见的原因引起的。在很多员工的心里,我们讲安全、保安全、抓安全,那都是上班时的事,是企业里的事,认为只要保证岗位安全,保证生产安全,保证不出安全生产事故,就把安全工作做好了,安全就没有问题了。殊不知,上班时间只占我们生活的三分之一,很多的安全事故都发生在八小时之外,都是在我们的日常生活中遇到的。

毋庸讳言,在我们生存的现代环境里,无论是家庭生活还是公共娱乐,无论是工作还是生活,无论是室内还是户外,都存在着来源于人为或自然的危险。诸如,鸡蛋在微波炉中变炸弹;家庭中的金鱼缸使阳光聚焦到窗帘上导致着火;楼上扔烟头,楼下生火灾;广告牌掉落伤路人……这些均是生活中常见的意外事故。有资料显示,在全球范围内,每年约有350万人死于意外伤害事故,约占人类死亡总数的6%,是除自然死亡以外人类生命与健康的第一杀手。在很多经济发达国家,生活中意外伤害事故,已经成为人类非正常死亡的第一死因。在我国,每年的意外伤害导致生命消失的数字也是相当惊人的。可见,危险绝不仅仅只在上班时才有,危险其实无处不在,意外天天都有。因此,要保证生命的安全,仅仅是上班时注重安全是远远不够的。

这天是某超市开业两周年纪念日。店庆的前一天,超市便在街头散发店庆促销广告单,促销内容包括:凡是8月8日出

第十章 避免意外伤害，让日常生活与安全相伴

生的顾客在超市购买50元以上的商品，凭小票赠送一个蛋糕；原价为近200元的自行车只售98元等。就在当日店门打开的一刹那，庆贺的礼炮和烟花还没来得及点燃，惨祸就发生了。上午8时40分，上千名顾客洪水般拥进超市，秩序一片混乱，15名顾客被挤伤踩伤，其中3人伤势严重。

危险往往就在身边，意外伤害随时都存在。日常生活中的安全隐患很多，有时候意外忽然而至，让人防不胜防。有时候，一个极其偶然的事件，就可以轻而易举地剥夺人的生命。所以，不管是上班还是下班，不管是八小时之内还是八小时以外，不管是工作还是生活，都需要我们提高警惕。

一建筑工地在临街主干道砌两米高、一砖宽的工区围墙。某日，某外资企业一批从农村招用的女工放假，准备乘车去火车站回家过年，在此工区墙外公交车站候车。当日寒流骤降，大风不止，女工们紧缩在墙根避风。突然一阵狂风大作，这段临街的砖墙整体被大风刮倒，将在此候车的多名女工砸埋在墙下，3人当场死亡，7人重伤，2人在送往医院后经抢救无效死亡。

分析事故原因发现工区所垒砖墙仅一砖宽，过于单薄，强度不够，当突遇强风袭击后马上就倒塌了，这是事故发生的直接原因。而且砖墙旁边没有任何警示标志、女工们安全意识不强也是事故发生的重要原因。

不同场合有不同的安全隐患，我们要提高自身的保护意识。员工的安全不能仅仅只盯着上班的八小时，而要把安全意识延伸到八小时以外。无论在工作中还是在工余时，安全这根弦时时刻刻都要绷紧。如果心存侥幸，放松自我，随时都有"意外"发生。

中国地质大学工程技术学院院长、国内知名的安全专家罗云说：

让安全成为一种习惯

"生活安全是个严肃的话题，也是当前迫切需要解决的问题。从世界范围内看，生产性意外事故由于政府管理和技术工作的重视，其事故率在逐年下降，而非生产性意外伤害事故，特别是家庭及社会生活意外事故在逐年上升。"因此，生活安全也要重视，生命的安全更需要全天候地守卫，才能真正得到保障。

2. 防范家庭火灾，注意消防安全

俗话说"大火无情"。现代社会空前发展，积累了巨大的社会财富。在城市地区，社会人口相对集中，建筑设施鳞次栉比，一旦发生火灾，会严重危害人们的生命财产安全，造成惨重的损失。因此，我国政府高度重视消防安全工作。消防工作是一项科学性很强的工作，涉及各行各业、千家万户，与经济发展、社会稳定和人民群众安居乐业密切相关。所以，对火灾的防护是每个家庭、每个人都要认真对待的。

上海某学生宿舍楼发生火灾时，4名女生从6楼宿舍阳台跳下逃生，当场死亡，酿成近年来最为惨烈的校园事故。调查发现，这把夺命火是早晨6时左右烧起的，由小电器"热得快"引发。据目击者称，当时听到学生大喊大叫的声音，往窗外一看，那间宿舍里冒出了浓烟。起初火并不大，光看到烟，并没有火苗蹿出。浓浓的烟雾中，只有4个女孩躲在阳台上高声尖叫。她们穿着睡衣，明显是刚起床不久。后来火势慢慢扩大，离得这么远都能听到窗户玻璃"砰砰"炸裂的声音。不一会工夫，阳台上已经能看见明火。此时，相邻的601室的阳台上有人拿出了一根不锈钢的长杆,试图递给602室的同学,可还是失败了。看得出来,那几名女生已吓得失去了方寸。一人跑向阳台左边,看样子想翻墙,但不知怎么又跑回去。火势蔓延,她们身体开始向外探出,并且用手使劲扒住阳台的外面一边。当时有人已爬到阳台外,仅靠双手扒着阳台。而在快要烧到阳台门窗前,一女孩身上的睡衣起了火,惊慌失措的她先跳了下去。其他3人看到同学跳楼求生,顾不得楼下同学"不要跳,不要跳"的提醒,一个接着一个跳下。最后一位女孩双手攀在阳台外,她本来试图跳到5楼,但没找准位置,双手支撑不住也摔了下去。

消防安全是一个老话题,是一项事关人民生命财产、社会稳定和经济发展的重要事业。当今社会科技发展迅速,使用电力设备在我们的工作和生活中也早已习以为常,电力自然成为社会科技发展和生产生活中必不可少的能源之一。正确使用电能,能给我们的工作和生活带来极大方便,提高效率,然而,如果在使用电能的过程中,操作不当,或粗心大意造成火灾,也会遭受不可估量的重大损失。四名女生生命陨落,引发我们的思考:如果她们在使用"热得快"时,具备安全防范的意识,注意用电安全,那么就不会发生火灾;如果在被困火中时,冷静沉着地应对,采取合适的逃生方法而不是在极端恐慌中采取不当的跳楼方式,惨剧也不会发生。

上海某教师公寓曾发生重大火灾。在这场事故中有一位65岁的退休教师何女士安全逃生。何女士当时正好在家,在感觉气味有些问题之后,向外面看才发现有烟雾从楼下向上"飞"。"一推开窗户就看到楼下着火了。"何女士立即叫醒睡午觉的老伴。"着火了!""当时我们并没有打算逃跑,一是年龄比较大了,第二点就是感觉这么高的楼肯定不会烧上来。"

> 让**安全**成为一种**习惯**

但是半个多小时过去了,火势更大了,烟雾也更大了。何女士和老伴决定自救:走楼梯逃出去!"这个时候电梯肯定是停了,所以我们带着湿毛巾准备直奔楼梯。""我们都用湿毛巾护紧嘴巴和鼻子快速跑向楼梯。"懂得火中逃生的常识,又有求生的欲望,使得两位老人互相搀扶着,在充满烟雾几乎无法呼吸的通道内摸索前行。"什么都看不见,只能顺着墙壁慢慢走,所走的一侧楼梯只有我们两个人。""这一路伸手不见五指,烟雾呛得我们几乎无法呼吸,地上都是水,我们年纪大了,身体也不好,但只有一个念头,就是活下去,几乎是连滚带爬地拼命下楼。"何女士说,她和老伴就是抱着这样的信念,捂着湿毛巾从23楼一路摸索着逃到了1楼。

☆☆☆ ～～～～～～～

从何女士逃生的过程,我们可以得知在火灾中逃生,需要掌握火灾中逃生的技巧。一般情况下,绝大多数的火灾现场被困人员可以安全地疏散或自救逃生,脱离险境。因此,必须培养自救意识,不惊慌失措,冷静观察,采取可行的措施进行疏散自救。

俗话说"贼偷一半,火烧精光",可以说,火灾在各种安全中是特别容易产生重大灾难性后果的。我们时时刻刻都应把防火除患的工作放在第一位,常抓不懈。生活中,我们要掌握一些具体的生活安全防火技巧。

(1) 家用电器使用的防火

家用电器可分为电热式(如电热炉、电烤箱、热水器、电饭锅等)和非电热式(如收音机、电视机、录像机、录音机、电冰箱、洗衣机、空调机等)两大类,使用不当时电热式家用电器发生火灾的频率较高。在使用过程中应注意防火措施。

(2) 电气照明的防火

合理选用灯具类型。例如,户外照明可采用封闭型灯具或有防火灯座的开启型灯具。

正确安装照明、装饰灯具。普通照明灯具与可燃物间距不小于0.3米,与地面高度不应低于2米。灯泡下方不堆放可燃物。灯具的防护罩严禁用纸、布或其他可燃物来充当。

(3) 家庭炊事的防火

用炉灶煨、炖、煮各种食品、汤类时,应有人看管,汤不宜过满,在沸腾时应降低炉温或打开锅盖,以防外溢。火锅在使用时,应远离可燃物,并使用不燃材料制作的桌板。若使用可燃材料桌板时,应在锅底铺设不燃材料制作的垫板。油炸食品时,油不能放得过满,油锅搁置要平稳,人不能离开,油温达到适当温度,应即放入菜肴、食品。遇油锅起火时,特别注意不可向锅内浇水。

(4) 牢记消防知识,正确使用消防器材

正确使用消防器材能够有效地预防和减少火灾的危害。我国国民消防安全素质的抽样调查显示,将近50%的民众在火灾发生时不懂得如何逃生自救,52%的人甚至不认识消防安全标志。有些人并不知道,旋转的部件不能碰,高压容器会爆炸,这种情况对消防安全是非常不利的。当火灾发生时,我们要及时向119报警,同时要熟练掌握我们工作生活中的各种灭火器材,将火灾控制在初期状态,才能保证我们的生命财产安全。

3. 小心食品安全,预防食物中毒

食品安全指提供的食品在营养、卫生方面能够满足和保障人群的健康需要。食品安全涉及食物的污染、是否有毒,添加剂是否违规超标、标签是否规范等问题。民以食为天,食物是每个人每天不可或缺的基本

让安全成为一种习惯

物质，既能给人享受，又可保障人生存的营养和能量。但是，在现实中，食品安全正威胁着员工的健康。

2015年7月，某地食品药品监管部门接到群众举报，称对赖某、蒋某经营的卤味烤肉店销售的卤肉上瘾，怀疑添加违禁物质。食品药品监管部门联合公安机关对该店进行了突击检查，现场查获混有罂粟粉的调味料20克、罂粟壳350克。经查，赖某为拉拢回头客，自2014年8月，在加工卤肉时将完整罂粟壳放在汤料包里置于卤汤中，或将罂粟壳碾磨成粉末，混入其他香料，直接撒在卤肉上等方式，进行非法添加。根据赖某供述，执法人员查处了向其销售罂粟壳的商家，共查获罂粟壳19千克。依据刑法第一百四十四条和《最高人民法院、最高人民检察院关于办理危害食品安全刑事案件适用法律若干问题的解释》第九条第一款的规定，卤味烤肉店经营者赖某、蒋某涉嫌构成生产、销售有毒、有害食品罪，已被人民检察院以贩毒罪提起公诉。

据调查，一些地方的食品卫生状况令人担忧。一方面，由于经济收入和购买力有限，大多数人对食品价格相当敏感，加上维权意识差，流动性大，常常成为毒粉丝、毒油、假酒、病死猪肉和劣质奶粉等的受害者。另一方面，由于缺乏法制观念，有些人也成了生产伪劣食品的主体，害人害己。对此，我们员工要提高自身维权意识和食品卫生常识。

食品安全不仅直接关系到我们的切身利益，还直接关系到我们的生命安全。在食品卫生安全中，食物中毒是我们最需要重视的。食物中毒是指食用含有毒物质或变质食物所引起的发热、休克、腹泻、恶心、呕吐、腹痛、脱水等症状。所谓"病从口入"，不安全的饮食是健康的最大敌人。吃了不卫生的东西会拉肚子，吃了不健康的东西会留下健康隐患，吃了有毒的东西甚至可能会送命。

第十章 避免意外伤害，让日常生活与安全相伴

> ☆☆☆
>
> 云南普洱市某技工学校曾发生一起食物中毒事件，经查明，这是一起食用凉拌皮蛋而导致的细菌性食物中毒，共有 25 名学生发病，中毒学生均食用过学校食堂加工销售的凉拌皮蛋，中毒学生经医院及时救治，治疗痊愈，无死亡。
>
> 粤北翁源县则发生过 5 人（1 名成人，4 名青少年儿童）误食野生蘑菇的严重中毒事件，造成 2 人死亡，3 人在重症监护室（ICU）抢救。广东省微生物研究所毒菇专家对患者家属采集和食用的多种野生蘑菇样品进行鉴定，确认其中含有两种剧毒蘑菇。
>
> ☆☆☆

食物中毒多发生在气温较高的夏秋季，个别发病也可见集体中毒（如发生在食堂及宴会上）。食物中毒最好能保留吃剩下的食物，以利于诊断、治疗或检疫。

食物中毒主要有以下几种类型。

(1) 化学性食物中毒

化学性食物中毒，主要指一些有毒的金属，非金属及其化合物，农药和亚硝酸盐等化学物质污染食物而引起的食物中毒。引起化学性食物中毒的原因，主要是误食有毒化学物质，或食入被化学物质污染的食物所致。化学性食物中毒的特征主要有：发病快，潜伏期较短，多在数分钟至数小时，少数也有超过一天的。中毒程度严重，病程比细菌性毒素中毒长，发病率和死亡率较高。季节性和地区性均不明显，中毒食品无特异性，多为误食或食入被化学物质污染的食品而引起，其偶然性较大。

(2) 细菌性食物中毒

细菌性食物中毒，是人们吃了含有大量活的细菌或细菌毒素的食物，而引起的食物中毒，是食物中毒中最常见的一类。这类食物中毒的特征主要有：有明显的季节性，多发生于气候炎热的季节，一般以 5—10 月份最多。一方面由于较高的气温为细菌繁殖创造了有利条件；另

让安全成为一种习惯

一方面,这一时期内人体防御能力有所降低,易感性增高,因而常发生细菌性食物中毒。

此外,掌握安全饮食的方法以及食物中毒的禁忌救治也是十分必要的。如果有人出现上吐下泻、腹痛等食物中毒症状,千万不要惊慌失措,应冷静地分析发病的原因,针对引起中毒的食物以及吃下去的时间长短,及时采取应急措施。

4. 遵守交通规则,保障出行安全

生活中,交通安全与我们的关系是非常密切的,遵守交通规则是一个很重要的问题,我们不仅要把这句话挂在嘴边,还要落实到我们日常的实际生活当中。职工属于出行较多的群体之一,平时的上下班、外出逛街、购物以及出外旅行都与交通安全密切相关,一旦疏忽就有可能发生意外交通事故,给自己造成伤害、给家人带来遗憾。所以,我们要牢固树立交通安全意识,遵守交通规则,保障出行安全。

湖南人段某驾驶粤字开头某牌号中型普通客车从湖南省茶陵县浣溪镇小汾村出发,车上搭载了11人开往深圳市。13时左右,段某与同车乘客在京珠高速公路郴州入口处的一家饭店吃午饭,喝了约三两酒。14时许,段某驾车上京珠高速公路往南行驶。这时天气突变,开始下雨,段某启动雨刮器,发现雨刮器失灵,但段某并没有停下车,而是继续驾车行驶。当段某发现前方约5米处有因追尾事故而设置的反光锥时,向右转动方向盘,动作过大导致车辆失控,将路旁的3名警察撞到路外排水沟，导致 3 人殉职。事后调查，段某行驶至出事路段时，车速保持在 100 公里/小时左右。

☆☆☆

作为一名驾驶员，酒后驾车是对自己和他人生命的不负责任，换言之就是在变相地自杀和杀人。为了自己和家人的安全和健康，一定不要酒后开车，否则后果严重。实际上，酒后驾车就是安全意识的严重缺失。反对酒后驾车不应该仅仅是政府或相关管理机构的义务，更应该是每个社会成员的共同责任。驾驶人员血液中的酒精含量大于或等于 20mg/100ml，小于 80mg/100ml 为酒后驾车；如大于或等于 80mg/100ml 为醉酒驾车。通常情况下，酒精在人体中消散时间为 10~20 小时。有人夜里喝完酒睡一觉，第二天一早觉得没什么事，就开车出门，结果被查酒后驾驶就是这个原因。这时酒精依然在体内没排干净，所以喝酒后 10~20 小时后再开车是比较科学的。一般来说，如果头一天喝得比较多，我们建议第二天最好别开车，至少得歇 24 小时，这样稳妥一些。

☆☆☆

2016 年 4 月 2 日凌晨零时 43 分，二广高速肇庆辖区北江大桥路段发生了一起交通事故，一辆大客车碰撞前方白色小客车，致使后者前冲与另一小客车相撞。碰撞后，大客车失控与前方大货车追尾相撞。事故造成大客车上 4 人死亡，十余人受伤。经调查了解，事故发生前一天，涉事大客车在出发前该车司机刘××就发现车辆刹车存在隐患，但没有进行认真检查维修，而是将情况汇报给车辆所属的运输有限公司后，依然决定出车。行至事故路段，刘××刹车减速时，发现刹车失效后，没有采取"抢挡降低行车挡位、拉手刹"等减速避险措施，反而为避免与同车道上其他车辆发生碰撞，连续变换车道，最终酿成惨剧，导致大客车上 4 人死亡，十余人受伤。交警部门调查后，认定大客车司机刘××承担此交通事故的全部责任，其行为涉嫌交通肇事罪。

☆☆☆~~~~~~~~~~~~~~~~~~

随着我国经济社会的快速发展，人流、车流、物流猛增，交通事故接连不断，我国的交通事故率居高不下，2016年，事故造成63093人死亡，226430人受伤，直接经济损失12.1亿元。是什么原因导致道路交通事故频频发生呢？据交通安全部门统计，在所有的交通事故中，除极少数属意外原因，75%以上的事故是驾驶员或行人的人为因素造成的。无证驾车、酒后驾车、超速行驶、强行超车和行人不遵守交通规则是引发事故的重要原因。出入平安，这是大家都希望的，然而，许多交通事故的发生往往源于某些不经意的违反交通法规的行为。在他们当中，有一些人是抱着侥幸心理，明知故犯；有一部分是对交通法规不甚了解，糊涂盲目地酿成事故。所以，我们要遵守交通规则，珍惜自己的生命。

在日常生活中，交通事故一旦发生，不仅造成个人损失，而且还会使他人的身体受到伤害。行走时的一次走神，过马路时的一次侥幸，开车时的一次违章，就可能使一个生命转瞬即逝。如果我们不注意交通安全，就会使一条条生命消失。因此，养成遵守交通规则的好习惯非常重要。为此，我们要注意以下几方面情况。

(1) 横穿马路要走人行横道，要遵守人行横道信号灯的规定

①绿灯亮时，可以通过人行横道。

②绿灯闪烁时，不要进入人行横道，但已进入人行道的可以继续通行。

③红灯亮时，不准进入人行横道。

(2) 养成看指挥信号灯的习惯

从路口经人行道过马路时，由于车辆来往频繁，我们要养成看指挥信号灯的习惯。

①红灯亮，禁止车辆通过时，行人可以横过马路。但仍需注意来往车辆，千万不要以为红灯时，交叉路口没有车辆驶过，就可以抢行穿过

马路。

②黄灯亮时,不准车辆、行人通过,但已超过停止线的车辆和已进入人行横道的行人,可以继续通行。

③绿灯亮时,准许车辆通行,不可横过马路。

④黄灯闪烁时,车辆、行人须在确保安全的条件下通行。

(3) 遵守交通指挥棒信号

交通指挥棒是保证我们安全过马路的标志,所以一定要依照指挥棒的标志行路,以免发生交通事故,危及生命安全。

①直行信号:右手持棒举臂向右平伸,然后向左曲臂放下,准许左右两方直行的车辆通行;各方右转弯的车辆在不妨碍被放行的车辆通行的情况下,可以通行。

②左转弯信号:右手持棒举臂向前平伸,准许左方的车辆转弯和直行的车辆通行;右臂同时向右前方摆动时,准许车辆左转弯;各方右转弯的车辆和T形路口右边无横道的直行车辆,在不妨碍被放行的车辆通行的情况下,可以通行。但行人不可通行。

③停止信号:右手持棒曲臂向上直伸,不准车辆通行,这时行人可通行。但已越过停止线的车辆,可以继续通行。

(4) 过马路必须遵守的法则

交通法则是使我们能够安全过马路的规则,一定要严格遵守以下法则。

①行人须在人行道内行走;没有人行道的,须靠边行走。

②横过车行道须走人行横道。通过有交通信号控制的人行横道,须遵守信号的规定;通过没有交通信号控制的人行横道,须注意车辆,不要追逐、猛跑。没有人行横道,须直行通过;不准在车辆临近时突然横穿马路。有人行过街天桥或地下通道的,须走人行过街天桥或地下通道。

③不准穿越、倚坐车行道和铁路道口的护栏。

④不准在道路上扒车、追车、强行拦车或抛物击车。

⑤列队通过道路口时，每横列不准超过 2 人。列队横过车行道时，须从人行横道迅速通过；没有人行横道的，须直行通过；长列队伍在必要时，可以暂时中断通过。

⑥在车辆多和易发生交通事故的路段，交通部门在马路中间设置了交通护栏。我们不能为图省事，怕绕路，跨越栏杆横过马路。那样做实在太危险。因为，驾驶员反应再快，猛然发生的事情也会使他措手不及。

⑦在道路上行走时，如有人从马路对面招呼你，不要贸然横穿马路，可以在路旁等候或经人行通道横过马路。

⑧走路要专心，不可以东张西望或看书看报。

（5）乘坐交通工具安全常识

①乘车前要事先了解乘车路线。

②外出乘公交，事先备好零钱，以免在车上财物外露。

③上下公交车时，人多拥挤，若遇故意推挤和借机靠近之人，一定要注意防范，以免财物丢失。

④夜间乘车不要独自在荒凉处下车，以免给歹徒可乘之机。

⑤乘公交车时，应将皮包和贵重物品放在身前或自己视线范围内，以防歹徒趁乱扒窃。

⑥车上若遇陌生人搭讪，应避免谈论家中成员、经济、财务状况及生活作息等。

⑦外衣兜、后裤兜、背包、腰包、手提袋等，这些部位最好不要放钱或手机等贵重物品，以防扒手扒窃。

⑧不要找票贩子购长途车票和火车票。

⑨乘车时不要睡觉或接受陌生人的烟酒、饮料等，免得财物被盗。

（6）驾车安全常识

①出发前，对所经过地区的历史、风土人情等要有一定的了解。

第十章 避免意外伤害，让日常生活与安全相伴

②检查人与车的有效证件是否带在身上：身份证或护照、机动车行驶证、机动车驾驶证、车辆购置税缴纳凭证和保险单据等。

③要对沿途的路况、饮食、住宿、加油站等所在位置心中有数。

④检查车辆：机油、三滤（机油滤清器、燃油滤清器、空气滤清器）、备胎、备用油桶、食品、饮用水；有条件的对车辆进行使用前保养。

⑤出发前，需再次检查人与车的有效证件。必要的话还要事先记好途经路线上的村镇中的紧急电话，如医院、派出所等。

⑥带好修车工具：千斤顶、拖车带、换胎扳手，带好急救药箱、应急灯、指南针、警示牌、汽车救援卡等。

⑦停车时车内不要存放贵重物品，离车时关好门窗，车辆尽量停放在有人值守的停车场地，路遇堵车、红灯时不要被陌生人吸引注意力而导致车内物品被窃。

（7）乘船安全常识

①不要乘坐无证的船只、超载的船只。

②上下船要按次序排队，不要拥挤、争抢，以免造成挤伤、落水等事故。

③如遇大风、大浪、浓雾等恶劣天气，应尽量避免乘船。

④不要在船头、甲板等地打闹、追逐，以防落水。不要拥挤在船的一侧，以防船体倾斜，发生事故。

⑤不要乱动船上的设备，以免影响正常航行。

⑥夜间乘船时，不要用手电筒向水面、岸边乱照，以免引起误会或使驾驶员产生错觉而发生危险。

⑦发生意外时，要保持镇静，听从有关人员指挥。

（8）乘飞机安全常识

①安全检查：身份证、机票、登机牌。

②飞机上按要求将手机、平板电脑、笔记本电脑调成飞行模式或者

关闭状态。

③乘机者在乘机前应适当休息，避免劳累；保证充足的睡眠，少吃油腻和不易消化的食品，适当多吃些水果；不可空腹乘飞机，也不宜过饱，否则易不适或晕机。

④乘机要系好安全带，以防飞机发生颠簸造成伤害。

⑤长时间乘机（5小时以上）时应多活动下肢，必要时可站起来适当走动，不可长睡或喝含有酒精的饮料。多喝水。

⑥适时吃点食物，在飞机起飞或降落，尤其是降落时吃点糖果、零食或喝点水，对预防航空性中耳炎很有作用，也可用捏鼻、闭嘴、鼓气的方法，来抵御耳压伤。

⑦预防晕机，在乘机半小时前服防晕药物也可带点清凉油或风油精涂擦在额头部位。

⑧服从空乘服务人员指导。

⑨起飞或降落时，如耳朵感觉不适，可张开嘴或嚼口香糖。

(9) 夜间行走的安全须知

①夜间我们能够看到汽车的灯光，而驾驶员有时却看不清我们，尤其是穿着深色的衣服。所以我们应该特别注意躲避车辆，最好穿浅色衣服。

②夜间驾驶员注意力和视力都会有所下降，甚至会出现困倦、打盹开车的情况，夜间我们也很难清楚判断汽车的速度和距离。所以在穿越马路或与汽车擦肩而过时更应该比白天留神。

③夜间由于反方向来的汽车灯光会影响驾驶员的视线，所以我们在穿行马路前要十分注意，一定不要在马路中间停留。

5. 平时多留心，慎防偷盗和抢劫

如今社会十分复杂，在日常生活中，偷盗、抢劫等犯罪活动猖獗，最好的方法就是提高自己的防盗防抢意识，出门谨慎小心，多留意身边安全状况，警惕身边危险。

盗窃的人，俗称小偷、扒手。"小偷"这一"城市公害"，作案隐蔽，手脚灵活，又有配合，如同蚊子吸血，被叮后才知。有的小偷作案时拿物品作掩护，并与你零距离接触。有的小偷用镊子和刀片乘事主不备将事主的东西夹出或割坏。有的小偷甚至利用小孩做"掩体"，分散事主视线，伺机作案。

某居民将以 5000 元购买的笔记本电脑放在靠窗户的桌子上，窗户没锁就外出了，犯罪分子趁家中无人，从外面把窗户扒开，轻易将笔记本偷走。住在三楼的居民乙同样未关窗，窃贼利用靠窗水管攀爬翻窗入室，盗走现金 2200 元、手机、笔记本电脑、手表和两千余元购物卡。

张女士在某商场购买衣服，在试衣服时顺手将自己携带的手提包挂在试衣间外的衣服陈列架上，当试完衣服拿包时，发现提包不见了，包内装有千余元现金、手机及其他物品，造成经济损失 3000 多元。

一位女士在酒店吃饭时，放在服务台充电的手机被别人拿走，价值 2500 元。

在我们的生活中，小偷无处不在。警方分析，盗窃案件多发生在公共场所和居民区。居民区案发时间则多在夜间时段，后半夜尤为突出。凌晨2时至5时，发案率约占69.4%；其次发案时段较集中的在下午2时至6时，占20.5%；窃贼采取撬门、溜门、技术开锁等方式从门侵入的占75%；采取翻窗、钓鱼等方式从窗侵入的占25%。为此，警方提醒市民，应积极配合小区保安管理人员，自觉爱护小区内的各种防盗设施，出入公共防盗门要随手关门，不要将公共防盗门的钥匙借人，不随便为不认识的人开启防盗门。

在生活工作中，防范盗窃行为有以下方法。

第一，在公共汽车上不要将钱物放在容易被挤着的部位，如裤子后袋或侧袋等。由于西装在挤车时容易被拉扯，内装口袋也不甚安全，正确的方法是将钱物或皮夹放入内胸袋或皮包里；挤车时随时用手护住自己的前胸或挎包；乘车时不要麻痹大意或瞌睡，尤其是携带大量现金或重要证件时，以免给小偷留机会；如果身后有数人拼命挤着你，而车内其他地方并不这么挤，这时你要提高警惕，他们可能要下手了。你要挤开他们的包围，另择一处空一些的地方。这也等于告诉他们，你已察觉出他们是干什么的；如果有一个漂亮的异性，在你身体上莫名其妙地蹭来蹭去，你可千万别眩晕，以为自己艳福来也。他（她）可能正在测试你的反应，然后伺机下手。最好的方法是立刻躲开他（她）。

第二，在商场防拥挤。在柜台前，不要忙于观看商品而忘了保护自己的钱物，更不能在购物时随手将皮夹放在柜台的一侧；钱物不能放于裤子的后面口袋或侧袋，以防小偷趁拥挤时从后面下手。同样，手挎包也要放置在自己的前方，并随时给予照顾；任何时候都要注意后面的动态，防止自己的挎包被小偷划破。

第三，在公寓里，不管走得怎样匆忙和遇到什么情况，临走时都要把门锁好。别给小偷留下作案的机会。家居的各个门、窗、排气口、空调口要经常检查，窗、门损坏要及时更换，出入家门随手关锁门，门锁损坏或钥匙遗失要及时更换。安装小型家用报警设备，家中不存放大额

第十章 避免意外伤害，让日常生活与安全相伴

现金或金银首饰等贵重物品，临时存放应放在不引人注意、通常大家不会放钱的地方，必要时在隐蔽处安装保险柜，并直接固定到墙体内。即使家中有人或临时外出散步也要将防盗门关好、锁牢，防止被人顺手牵羊。

第四，办公写字楼，不要使办公室处于没人又开门的状态；放置钱物的抽屉锁上，并随身携带钥匙；不要放置大宗现金在办公室过夜；对可疑人物的进出要小心，并随时注意防范，必要时要询问。

在日常生活工作中，抢劫是恶性暴力事件中较常见的一种。遇到这类事件，一定要正确应付。面对歹徒，因为不清楚对方的实力，所以切不可与其僵持、纠缠，正确的对策是利用一切可以利用的东西快速制敌，然后迅速逃离。警方对此提醒，遇到抢劫案件，嫌疑人多是趁受害人不备实施作案，如果能够注意加强自身防范，可以很大程度上防止受到侵害。万一发生被抢，要尽量记下对象特征及时报警。

据《江南时报》报道，2013年1月9日晚上，南京某银楼专柜里，营业员小陶吃过饭后耐心等待顾客光临。7点半左右，终于来了两个顾客，是两位20多岁的黑衣平头男子。小陶像往常一样热情招呼："先生你们好，你们是要戒指还是项链？喜欢可以试戴一下，请问要什么款式什么价位的？"两男子慢慢走到男士金项链柜台前，两人都要了几种不同项链，摸摸看看后，说要试戴一下，其中一男子最后挑了一根重40多克的金项链，戴在脖子上对着镜子左照右照。小陶正准备问款式是否满意时，两男子突然拔腿就跑。小陶顿时吓蒙了，过了几秒才追出去。两男子一跑出大门，很快就没了踪影。小陶赶紧打电话报警。事发后，辖区警方高度重视，并立即介入调查。根据现场情况和监控拍到的画面分析，两名男子应该是有预谋犯罪。他们可能事先踩好点做了大量工作，否则不会轻易

得手。据相关人员透露，犯罪分子首先制定了逃脱线路，然后选择靠近门口的柜台，两人协同作案完成任务。由于事发突然，再加上营业员警惕性不高和商场安保的缺失，给了犯罪分子可乘之机。

☆☆☆～～～～～～～～～～～～

在日常生活中，由于加班、学习、娱乐等原因，夜晚单独回家的人很多，可能会被人跟踪。抢劫发生前常常会碰上被跟踪的情况，遇到有人跟着你，最好的办法就是赶快往人多灯亮的地方跑，防跟踪的方法有如下几种。

第一，骑机车时，每遇红灯停车应注意身边有哪些人、车，走路时，利用过十字路口机会检查一段路程后是否还有相同的人、车跟在身边（记住车牌号码与颜色）。骑车时发现被跟踪，若是在白天且周围人很多的情况下，可骑到警察局门口停车，并观察跟踪者动向，以决定是否报警；另外还可立刻向便利商店或其他商家、银行（有驻警）等求援。

第二，搭公共运输工具时，尽量最后一个下车，同时注意比你晚下车的人。注意提防假车祸，对方可能假意送你求医而遂其意。最好以保持车祸现场为理由，叫出租车或救护车送你到医院。

第三，步行遇跟踪时，不可走入无人或黑暗之巷道。怀疑被跟踪时，可在无车时不经斑马线、地下道等而直接穿越大马路，检视对方是否跟随。对方若未跟来，则隐于购物人潮中，借由人群掩护而脱离跟踪。被跟踪时，可至公交车站待任一车辆进站后立刻入内，并立于门旁，关门前立刻下车，即可顺利摆脱（亦可使用百货公司之电梯）。或善用24小时便利商店，情况紧急时可向店员求助或电话报警，情况不紧急或只是怀疑时，可等待巡警到店时求助。

总之，生活中我们不要丧失了警惕性，当你发现异常现象，或者看到有跟踪的人影，觉得自己有危险时，一定要有必要的安全意识，这样才能避免悲剧发生。

6. 警惕自然灾难，学习自救方法

每个人都在祈求平安。但"天有不测风云，人有旦夕祸福"。自然灾难完全是我们个人无法控制的外在力量。自然灾难的发生对每个人来说，不分贫富贵贱，性别年龄，如果缺少应有的警惕，那么，危险一旦降临，生命就会遇到威胁。因此，我们一定要有防范自然灾难的意识，学些自救方法，才能真正保护我们的生命安全。

2008年5月12日14时28分，四川省汶川县发生里氏8级地震，此后地震灾区还发生了上万次余震，最高震级达6.4级。据民政部报告，截至2008年9月25日12时，四川汶川地震造成69227人遇难，374644人受伤，17923人失踪。

2011年3月11日，日本当地时间14时46分，日本东北部海域发生里氏9.0级地震并引发海啸，造成重大人员伤亡和财产损失。地震震中位于宫城县以东太平洋海域，震源深度海平面以下10千米。东京有强烈震感。地震引发的海啸影响到太平洋沿岸的大部分地区。地震造成日本福岛第一核电站1—4号机组发生核泄漏事故。日本警察厅称，日本大地震死亡人数为15985人。除失踪者外，因避难条件、核辐射等"地震相关死亡"人数达到3000人以上，两者相加后总遇难人数超过2万人。

人的生命是脆弱的，有时候，一个极其偶然的事件，就可以轻而易举地剥夺人的生命,更不要说巨大的自然灾难。有时候尽管我们做了种种努力来预防灾难的发生,但总还是有预想不到的情况发生。地震、火山、洪涝、泥石流等自然灾害不可避免地发生在我们的身边,突发事故防不胜防,此时,我们是应该怪上天的不公、坐等着厄运的到来,还是应该相信人定胜天,努力逃离危险?相信每个人面对危险,都不会平静地等着它带走我们的生命,这时候,就需要自救,自救是生命最后的屏障,有时候,放弃自救也就是放弃了生命。

因此,要经常组织各种应急疏散演练,增强大家在面对灾害时的自救互救和安全逃生本领。只有认真自觉地提高自救逃生能力,才能时时刻刻保护自己。当然,自救不是一句空话,要求我们掌握科学的自救知识,拥有顽强的自救意志。只有具有自救的意识和能力,才能在危急时刻化险为夷。下面是几种常见的灾难自救逃生方法,供大家学习。

(1)火灾的自救逃生方法

一般情况下,绝大多数的火灾现场,被困人员可以安全地疏散或自救逃生,脱离险境。因此,必须培养自救意识,不惊慌失措,冷静观察,采取可行的措施进行疏散自救。

①疏散时,如人员较多或能见度很差,应在熟悉疏散通道的人员带领下,迅速地撤离起火点。在带领人用绳子牵领、用喊话或前后扯着衣襟的情况下,可随疏散人员撤至室外或安全地点。

②在撤离火场途中被浓烟围困时,烟雾一般是向上流动的,地面上的烟雾相对比较稀薄,因此可采用低姿势行走或匍匐穿过浓烟区的方法。如果有条件,可用湿毛巾等捂住嘴、鼻,或用短呼吸法,用鼻子呼吸,以便安全撤出烟雾区。

③楼房的下层着火时,楼上的人不要惊慌失措,应根据现场的不同情况采取正确的自救措施。如果楼梯间只是充满烟雾,可采取弯腰低头的姿势手扶栏杆迅速而下;如果楼梯已被烟火封住但未坍塌,还有可能冲得出去时,则可向头部、上身淋些水,用浸湿的棉被、毯子等物品围

在身上从烟火中冲过去;如果楼梯已被烧断、通道被堵死,则可通过屋顶上的老虎窗、阳台、沿落水管等处逃生。或在固定的物体上(如窗框、水管等)拴绳子,然后手拉绳缓缓而下。如果上述措施行不通时,则应退居室内,关闭通往着火区的门窗,还可向门窗上浇水,延缓火势蔓延,并向窗外伸出衣物或抛出小物件引起楼外人员注意,设法求救。在火势猛烈、时间来不及的情况下,如被困在二楼要跳楼时,可先往楼外地面上抛掷一些棉被等物,以增加缓冲,然后手拉着窗台或阳台往下滑,这样既可使双脚先着地,又能缩小高度;如果被困在三楼以上,则绝不能跳楼,可转移到其他较安全地点,耐心等待救援。

(2)水灾中的自救逃生方法

①听从组织安排,进行防洪准备,或者撤退到安全地带,如防洪大坝上或地势较高的地区。如果已经受到洪水包围,要尽量利用船只、木排、门板、木床等进行水上转移。

②为了防止洪水涌入屋内,要堵住大门下面所有的缝隙,最好在门槛外侧放上沙袋。如果洪水还会上涨,那么底层窗槛也要堆上沙袋。如果洪水不断上涨,应在楼上储备一些食物、饮用水、保暖衣物以及烧开水的用具。

如果水灾严重,水位不断上涨,就必须自制逃生工具,如床板、箱子及柜、门板等任何可以浮在水上的木质东西。如果一时找不到绳子,可以用床单、被单等撕开来代替。

③在爬上木筏之前一定要试试木筏能否漂浮,所收集的食品、发信号用具(如哨子、手电筒、鲜艳的床单)、划桨等,这些是必不可少的。在逃生以前,要吃一些含较高热量的食品如巧克力、糖、甜点心等,并喝些热饮料以增强体质。

在离开之前,时间允许的话还要把煤气阀、电源开关等关掉,将贵重物品包好,收藏在楼上的柜子里。出门时最好把房门关好,以免家产随水漂走。

④被水冲走或落水时，首先要保持镇定，尽量抓住水中漂流的木箱、衣柜等物。如果离岸较远，四周又没有其他人或船舶，不要盲目游走，以免体力耗尽。

无论遇到何种情形的危险，都要设法发出求救信号，晃动衣服或树枝、大声呼救等。

⑤洪水过后，要服用预防流行病的药物，做好卫生防疫工作，避免发生传染病。

(3) 地震的自救逃生方法

地震虽然是人类无法避免和控制的，但只要掌握一些技巧，也可以将伤害降到最低。

①立刻躲在室内易于形成三角空间的地方。地震预警时间短暂，室内避震更具有现实性。可根据建筑物布局和室内状况，审时度势，寻找安全空间躲避。最好找一个可形成三角空间的地方，如承重墙墙根、墙角；有水管和暖气管道等处。蹲在暖气旁较安全，暖气的承载力较大，金属管道的网络性结构和弹性不易被撕裂，即使在地震大幅度晃动时也不易被甩出去；暖气管道通气性好，不容易造成人员窒息；管道内的存水还可延长存活期。更重要的一点是，被困人员可采用击打暖气管道的方式向外界传递信息，而暖气靠外墙的位置有利于最快获得救助。

需要特别注意的是，当躲在厨房、卫生间这样的小开间时，尽量离炉具、煤气管道及易破碎的碗碟远些。若厨房、卫生间处在建筑物的犄角旮旯里，且隔断墙为薄板墙时，就不要把它选择为最佳避震场所。此外，不要钻进柜子或箱子里，因为人一旦钻进去后便立刻丧失机动性，视野受阻，四肢被缚，不仅会错过逃生机会还不利于被救；躺卧的姿势也不好，人体的平面面积加大，被击中的概率要比站立大5倍，而且很难机动变位。

选择好躲避处后应蹲下或坐下，脸朝下，额头枕在两臂上；或抓住桌腿等牢固的物体，以免震时摔倒或因身体失控移位而受伤；保护头颈部，

第十章 避免意外伤害，让日常生活与安全相伴

低头，用手护住头部或后颈；保护眼睛，低头、闭眼，以防异物伤害；保护口、鼻，有可能时，可用湿毛巾捂住口、鼻，以防灰土、毒气。

②摇晃时立即关火，失火时立即灭火。大地震时，也会有消防车不能来灭火的情形。因此，我们每个人关火、灭火的这种能力，是能否将地震灾害控制在最低程度的重要因素。

为了不使火灾酿成大祸，家里人、左邻右舍之间互相帮助，早期灭火是极为重要的。地震的时候，关火的机会有三次：

第一次机会在大的晃动来临之前的小的晃动之时，在感知小的晃动的瞬间，即刻互相招呼："地震！快关火！"关闭正在使用的取暖炉、煤气炉等。

第二次机会在大的晃动停息的时候。在发生大的晃动时去关火，放在煤气炉、取暖炉上面的水壶等滑落下来，那是很危险的。大的晃动停息后，再一次呼喊："关火！关火！"并去关火。

第三次机会在着火之后，即便发生失火的情形，在1~2分钟之内，还是可以扑灭的。为了能够迅速灭火，请将灭火器、消防水桶经常放置在离用火场所较近的地方。

③不要慌张地向户外跑。地震发生后，慌慌张张地向外跑，碎玻璃、屋顶上的砖瓦、广告牌等掉下来砸在身上，是很危险的。此外，水泥预制板墙、自动售货机等也有倒塌的危险，不要靠近这些物体。

④将门打开，确保出口可以通行。钢筋水泥结构的房屋等，由于地震的晃动会造成门窗错位，打不开门，曾经发生有人被封闭在屋子里的事例。请将门打开，确保出口可以通行。平时要事先想好万一被关在屋子里，如何逃脱的方法，准备好梯子、绳索等。

⑤在户外应就地选择开阔地避震，保护好头部，避开危险之处。当大地剧烈摇晃，站立不稳的时候，人们都会有扶靠、抓住什么的心理。身边的门柱、墙壁大多会成为扶靠的对象。但是，这些看上去挺结实牢固的东西，实际上却是危险的。正确的做法是下面几种。

蹲下或趴下，以免摔倒；

不要乱跑，避开人多的地方；

不要随便返回室内；

避开高大建筑物或构筑物：楼房特别是有玻璃幕墙的建筑、过街桥、立交桥、高烟囱、水塔下；

避开危险物、高耸或悬挂物：变压器、电线杆、路灯、广告牌、吊车等；

避开其他危险场所：狭窄的街道、危旧房屋、危墙、女儿墙、高门脸、雨篷下、砖瓦、木料等物的堆放处。

⑥在公共场所时听从现场工作人员的指挥，不要慌乱，不要拥向出口，要避免拥挤，要避开人流，避免被挤到墙壁或栅栏处。

在影剧院、体育馆等处：注意避开吊灯、电扇等悬挂物；用书包等保护头部；等地震过去后，听从工作人员指挥，有组织地撤离。

在商场、书店、展览馆、地铁等处：选择结实的柜台、商品（如低矮家具等）或柱子边，以及内墙角等处就地蹲下，用手或其他东西护头；避开玻璃门窗、玻璃橱窗或柜台；避开高大不稳或摆放重物、易碎品的货架；避开广告牌、吊灯等高耸或悬挂物。

在行驶的电（汽）车内：抓牢扶手，以免摔倒或碰伤；降低重心，躲在座位附近。地震过去后再下车。

⑦汽车靠路边停车，管制区域禁止行驶。发生大地震时，汽车会像轮胎泄了气似的，无法把握方向盘，难以驾驶。必须充分注意，避开十字路口将车子靠路边停下。为了不妨碍避难疏散的人和紧急车辆的通行，要让出道路的中间部分。

都市中心地区的绝大部分道路将会全面禁止通行。充分注意汽车收音机的广播，附近有警察的话，要依照其指示行事。

有必要避难时，为不致卷入火灾，请把车窗关好，车钥匙插在车上，不要锁车门，并和当地的人一起行动。

第十章 避免意外伤害，让日常生活与安全相伴

⑧务必注意山崩、断崖落石或海啸。在山边、陡峭的倾斜地段，有发生山崩、断崖落石的危险，应迅速到安全的场所避难。在海岸边，有遭遇海啸的危险。感知地震或发出海啸警报的话，请注意收音机、电视机等播报的信息，迅速到安全的场所避难。

⑨避难时要徒步，应尽量少携带物品。因地震造成的火灾，蔓延燃烧，出现危及生命、人身安全等情形时，采取避难的措施。避难的方法，原则上以市民防灾组织、街道等为单位，在负责人及警察等带领下采取徒步避难的方式，携带的物品应在最少限度。绝对不能利用汽车、自行车避难。

对于病人的避难，当地居民的合作互助是不可缺少的。在平时，邻里之间有必要在事前就避难的方式等进行商定。

⑩不要听信谣言，不要轻举妄动。在发生大地震时，人们心理上易产生动摇。为防止混乱，每个人依据正确的信息，冷静地采取行动，极为重要。从携带的收音机中，把握正确的信息。相信从政府、警察、消防等防灾机构直接得到的信息，决不轻信不负责任的流言蜚语，不要轻举妄动。

(4) 海啸的自救逃生方法

海啸的传播速度比飞机还快。研究表明，海啸的传播速度只跟水深有关，是重力加速度和水深的乘积的平方根。如果水深有10000米的话，传播速度超过300米/秒，接近音速，比飞机还快。但是海啸的波高和水深成反比，所以在深海什么也看不出来，只有到近海，速度减慢，能量才积累起来，形成一堵几十米高的水墙。一般船只如果要逃避海啸的话，不应该往港口里面跑，而是要往深海里跑，跑得越远，危险就越小。

①感觉强烈地震或长时间的震动时，需要立即离开海岸，快速到高地等安全处避难。如果收到海啸警报，没有感觉到震动也需要立即离开海岸，快速到高地等安全处避难。通过收音机或电视等掌握信息，在没有解除海啸注意或警报之前，勿靠近海岸。

②如果海啸警报响起时你在家，请召集所有家庭成员一起撤离到安全区域，同时听从当地救灾部门的指示。

③接到海啸警报应立即切断电源，关闭燃气。

④如果海啸警报响起时你正在学校上课，主动听从老师和学校管理人员的指示行动。

⑤海岸线附近有不少坚固的高层饭店，如果海啸到来时来不及转移到高地，可以暂时到这些建筑的高层躲避。海边低矮的房屋往往经受不住海啸冲击，所以不要在听到警报后躲入此类建筑物。

⑥停在港湾的船舶和航行的海上船只要立即驶向深海区，不要停留在港口、回港或靠岸。

⑦如果不幸落水时，应尽量抓住木板等漂浮物，避免与其他硬物碰撞；不要举手，不要乱挣扎，尽量不要游泳，能浮在水面即可；海水温度偏低时，不要脱衣服；不要喝海水；尽可能向其他落水者靠拢，积极互助、相互鼓励，尽力使自己易于被救援者发现。

（5）台风的自救逃生方法

①台风来临前做好充分准备。检查房屋是否牢固安全，若是危旧房屋，要马上离开避险；绑牢有可能被风吹落的物体，如花盆、护栏、遮雨棚、晒衣杆、室外天线等；准备适量的水及食物、蔬菜等，确保冰箱中的食物新鲜；准备好蜡烛、手电筒等，以备停电时使用；检查煤气及电路，留心火源；门窗玻璃用胶带粘好，准备好胶合板、塑料板、毛毯等，以备加固窗户。

②突遇台风时，速往小屋或洞穴躲避，若无此种场所时要选择没有土崩或洪水袭击危险的安全之处，如高地、岩石下或森林中均是较安全的避难场所。必须继续前进时，也要弯下身体且不可贸然淋雨，受潮的衣服会带走体温，造成体力失衡。遇强风时，尽量趴在地面往林木丛生处逃生，不可躲在枯树下。在田野空旷处遇到龙卷风时，可选择沟渠、河床等处卧倒。

③风灾中身处拥挤、混乱的人群中时,多做深呼吸,用两只胳膊和肩膀、背部顶住压力;将胳膊放在胸前,有小孩也要这样保护;不管朝哪个方向,要不断地移动。

④关紧门窗少出门。台风来临之际,狂风大作,暴雨如注,容易发生一些大型广告牌掉落、树木被刮倒、电线杆倒地等情况。因此,市民在台风来临时最好不要出门,以防发生被砸、被压、触电等不测。

⑤在家中躲避台风时,应迅速撤退到地下室或地窖中,或到最接近地面的房间内,并面向墙壁抱头蹲下;迅速到东北方向的房间进行躲避,远离门窗和房屋外围墙壁等可能坍塌的物体;尽可能用厚外衣或毛毯将自己裹起,以防御可能四散飞来的碎片;跨度小的房间要比跨度大的房间安全;贵重物品要向楼下转移,也可放在洗衣机、洗碗机等电器里。

⑥如果是在大风中行车,汽车上高速公路时,特别要注意从车侧面刮来的风,车速过快,容易翻车;穿越积水较深的路面,不要猛加油;尽量不要驾车外出,不得不在外驾车则要减速慢行,保持与前方车辆的距离;行驶中遇到强风侵袭,应将车辆停在路边,不要强行驾驶;车辆停在空旷的地方,不要停在广告牌、临时建筑、枯树等下面。

⑦避免风暴中遭遇雷电。避免站在最高的物体附近或使自己成为最高的物体;如果在室外,应尽快转移到房子或汽车里,关好门窗;不要骑自行车或摩托车,不要站在高大孤单的树下;和其他人一起避难时,彼此间要保持一定距离;在空旷的地方可就地蹲下,两脚并拢,两手抱膝,胸口紧贴膝盖,尽量低下头以降低身体高度。

⑧台风、大风过后,若有玻璃破损,请及时更换。台风、大风可能造成停水停电等现象,要及时做好日常生活的准备工作。

⑨警惕掉落的电线带来的危险。狂风过后,在户外行动时,应当留心周围掉落的电线。如果正在开车,电线掉到车前,应继续行驶直到离开那根电线为止。如果发动机此时熄火,千万别打火,因为这可能导致

让安全成为一种习惯

触电，要待在车里等待专业救援人员。除了受过训练的救援人员，不要让其他人接近你的车，因为他们可能会在救你的时候触电而死。

(6) 毒气泄漏场所的逃生自救方法

遇到毒气泄漏时，应该立即报告相关部门。因为对于毒气泄漏的处理是具有特殊要求的，作为一般人员，我们也要了解一些毒气泄漏处理的常识。

①若在毒气泄漏现场，应立即穿戴防护服装，并检查防毒面具是否有损坏，能否起到防护作用。如果没有穿着防护服装或佩戴防毒面具时（注：这种情况是不允许在有毒品危险的场所工作的），就应该尽快用衣服、帽子、口罩等，保护自己的眼、鼻、口腔，防止毒气进入。

②当毒气泄漏量很大又无法采取措施防止泄漏时，特别是在通风条件差、较密闭的场所，在场人员应迅速逃离毒气泄漏场所。

③不要慌乱、拥挤，要听从指挥，特别是人员较多时，更不能慌乱，也不要大喊大叫，要镇静、沉着，有秩序地撤离。

④撤离时要弄清楚毒气的流向，不可顺着毒气流动的风向走，而要逆向逃离。

⑤逃离泄漏区后，应立即到医院检查，必要时进行排毒治疗。

⑥当毒气泄漏发生时，若没有穿戴防护用具，绝不能进入事故现场救人，以避免扩大伤害范围。